高校韩语教育理论
与教学实践探索

张瑜文 ◎ 著

中国书籍出版社
China Book Press

图书在版编目（CIP）数据

高校韩语教育理论与教学实践探索 / 张瑜文著 .
北京 : 中国书籍出版社 , 2024.8.
ISBN 978-7-5068-9946-8

Ⅰ . H559

中国国家版本馆 CIP 数据核字第 20248GY095 号

高校韩语教育理论与教学实践探索

张瑜文　著

图书策划	成晓春
责任编辑	毕　磊
封面设计	守正文化
责任印制	孙马飞　马　芝
出版发行	中国书籍出版社
地　　址	北京市丰台区三路居路 97 号（邮编：100073）
电　　话	（010）52257143（总编室）　（010）52257140（发行部）
电子邮箱	eo@chinabp.com.cn
经　　销	全国新华书店
印　　刷	天津和萱印刷有限公司
开　　本	710 毫米 ×1000 毫米　1/16
字　　数	200 千字
印　　张	11.5
版　　次	2025 年 5 月第 1 版
印　　次	2025 年 5 月第 1 次印刷
书　　号	ISBN 978-7-5068-9946-8
定　　价	72.00 元

版权所有　翻印必究

前　言

　　中韩两国一衣带水，有着悠久的历史文化渊源。语言作为文化的重要组成部分，对两国政治、经济、文化方面都有重大影响。韩语作为一种表音字，它的发音无需使用音标标注。相较于中文而言，韩语文字并不具有具体的含义，学生的记忆也不涉及韩语文字的拼写问题，因此，韩语的语言学习过程是相对比较简单的。在当前市场经济高速发展的背景之下，全球经济一体化格局的形成对于我国经济结构的转变带来了较大的冲击，对应的就业市场也发生了显著变化。在高校外语教学中，小语种专业的学习逐渐引起人们的关注，在众多小语种中，韩语专业是最受学生欢迎的外语专业之一。高校韩语专业以培养和造就应用型人才为主要目的，承担着为社会培养高素质，有扎实理论功底，有熟练的专业技能和较强创新、实践能力的优秀应用型人才的任务。而对学生综合素质、语言实践能力和创新能力的培养，需要科学合理的教育教学体系。因此，从高校语言教学的发展现状出发，积极促进高校韩语教学实践研究，对于学生今后的就业以及高校教育教学目标的实现有着深远影响。

　　从现阶段我国高校专业设置发生的变化来看，韩语在外语专业设置中的占比不断增加，由此可见，韩语教学在外语专业教学中的影响力及地位日渐提高。随着近几年经济全球化发展趋势的日益激烈，中韩两国的文化和经济交流不断增多，多元化的语言沟通成了促进两国经济文化交流的重要途径。无论是官方民间，抑或是物质文化，渐趋频繁的中韩文化交流都使得我国高校韩语专业教学的发展前景更为广阔，这对于韩语专业学生而言既是机遇也是挑战。作为高等院校的一线教学工作者，笔者认为韩语专业教学创新应当从提升课堂教学的实效性出发，切实做到与时俱进，从根本上革新韩语教学的模式与路径。

　　自 21 世纪以来，中韩两国的经济、文化、政治以及教育方面的合作与交流不断增多，频繁的热播韩剧更是使得学生对于韩语的学习热情空前高涨，这是高校韩语专业教学兴办的重要推动力。从高校韩语教学基本现状分析，得益于国家政策的帮助与扶持，高校韩语专业教学不仅课程体系趋于完善，而且不断增强的师资力量，使得韩语专业教学的教学方法、指导思想以及教学目标也从根本上发生了变革，渐趋成熟的韩语教学机制与市场发展步伐相一致。与此同时，伴随韩语专业类别划分的不断细化，涌现出了如商务韩语、应用韩语等分类专业，这不仅提高了高校韩语专业教学对人才培养的针对性，而且对于学生今后的就业也有积极的指导与促进意义。

不可否认，当前高校韩语专业教学已然取得了重大教学突破，然而相较于其他传统专业而言，高校韩语教学存在的问题也是不容忽视的。例如，教学目标与韩语专业教学指导思想之间联系不够紧密、韩语实践教学不足等。语言学科尤其重视对学生语言技能的培养，然而若是过分突出理论知识学习的重要性，将会影响到学生实际语言交流和沟通技巧的完善。此外，从高校韩语专业师资力量方面考虑，高校韩语专业教师以女性教师为主，且年龄结构普遍偏低，较低的职称结构和教学经验的缺乏都使得韩语专业教师的整体素质有待提高。从生源质量和就业形势角度分析，韩语教学或多或少受到中韩文化差异的影响，这也是高校和政府教育管理部门需要重点关注的问题。

本书围绕高校韩语教育理论与教学实践探索，分析了韩语学习的特点和过程，论述了多维视角下高校韩语教学的发展状况，全面而深入地总结了韩语教学的方法与技巧，并且针对韩语教学中的听、说、读、写、译的核心问题进行了详尽的剖析和反思。在撰写过程中，笔者不仅借鉴了国内外韩语教学的先进理念和实践经验，还结合了大量的实际教学案例，力求为读者提供一套全面、实用且易于操作的韩语教学指南。无论是对于从事韩语教学的教师还是对于正在学习韩语的学生来说，本书都是一本具有参考价值的工具书。通过阅读本书，读者可以更加深入地了解韩语教学的内涵与外延，从而提高教学质量和学习效果。

张瑜文

2023 年 8 月

目　录

第一章　韩语教育理论概述 1
　　第一节　对教育与韩语教育的认识 1
　　第二节　韩语教育改革的背景与策略 6
　　第三节　韩语教学的影响因素与原则 10
　　第四节　现代教育技术辅助韩语教学的理论基础 22

第二章　韩语学习的特点和过程研究 25
　　第一节　"第二语言习得"与"外语学习"的概念区分 25
　　第二节　韩语学习主体研究 29
　　第三节　韩语学习过程研究 36
　　第四节　韩语学习者策略研究 38

第三章　高校韩语教学的发展 44
　　第一节　跨文化交际背景下韩语教学的发展 44
　　第二节　多模态视域下韩语教学的发展 58
　　第三节　基于生态化的韩语教学发展 72
　　第四节　依托现代教育技术的韩语教学发展 78

第四章　高校韩语教学方法 83
　　第一节　沟通式教学法 83
　　第二节　情境教学法 85

第三节　交际教学法 ………………………………………………… 90
　　第四节　多媒体技术教学法 …………………………………………… 97
　　第五节　对比教学法 …………………………………………………… 99

第五章　韩语教学的组织与实施 ……………………………………… 104
　　第一节　课程设计与大纲制定 ……………………………………… 104
　　第二节　教材的编写与选用 ………………………………………… 108
　　第三节　韩语教师的基本素质与培训 ……………………………… 112
　　第四节　课堂教学 …………………………………………………… 114
　　第五节　测试和评估 ………………………………………………… 120

第六章　高校韩语教学实效性提升对策 ……………………………… 126
　　第一节　韩语听力教学提升对策 …………………………………… 126
　　第二节　韩语口语教学提升对策 …………………………………… 135
　　第三节　韩语阅读教学提升对策 …………………………………… 150
　　第四节　韩语写作教学提升对策 …………………………………… 161
　　第五节　韩语翻译教学提升对策 …………………………………… 167

参考文献 ……………………………………………………………………… 175

第一章 韩语教育理论概述

本章为韩语教育理论概述，分别介绍了对教育与韩语教育的认识、韩语教育改革的背景与策略、韩语教学的影响因素与原则、现代教育技术辅助韩语教学的理论基础四个方面的内容。

第一节 对教育与韩语教育的认识

一、对教育的认识

教育是一种促进人类学习和理解的过程，其包括知识、技能、价值观、信仰和习惯的传授。教育不仅发生在学校，还贯穿于人们的整个生活，如家庭教育、社会教育和终身教育等。教育不仅是知识的传递，还包括品德、情感、审美、社交等方面的培养。教育的目标是培养一个全面发展的人，不仅是培养受教育者的知识技能，也包括促使其在人格、道德、审美和情感等方面达到较高的水平。

教育具有广泛而深远的社会意义。教育能够促使社会不断更新和进步，能够提高整个社会的知识水平、文化素养和公民素质。教育不仅可以培养出为社会做贡献的专业人才，还可以提升社会公民的整体价值观和道德水平。同时，教育也是个人成长和实现自我价值的必要途径。通过接受教育，人们可以获取更多的知识和技能、提高自身竞争力、实现个人目标和梦想。

教育的内涵和实践方式在不同文化和历史背景下会有所不同。不同的教育体系和教育理念会产生不同的教育方法和课程设置。例如，东方和西方、古代和现代都有各自独特的教育理念和方法。同时，随着社会的快速发展和科技的不断进步，教育也在不断变革和创新，如在线教育、大规模开放在线课堂等新型教育形式的出现和发展。

总之，教育是一个复杂而重要的社会现象。它不仅关乎个人的成长和发展，也关乎整个社会的进步和发展。在当今社会，教育的意义更加深远，其重要性不容忽视。我们需要深入理解和重视教育，不断探索和创新教育方式，以更好地培养全面发展的人才，推动社会的进步和发展。

二、对韩语教育的认识

（一）韩语教育的基本内涵

韩语教育能够对学生的韩语学习产生比较大的影响，能够为学生的韩语学习提供一定的支持，还能够帮助学生系统地掌握韩语相关的知识以及使用技能等，从而在一定程度上提升学生的韩语水平，使学生在真实的韩语语境中敢于用韩语表达观点、看法和交流感情。韩语教育对于教师和学生具有不同的意义。教师希望通过韩语教育对学生产生正面的影响，从而帮助学生更好地掌握韩语这门语言；学生希望通过韩语教育学习更多的韩语知识以及技巧，以不断提升自主学习能力。在韩语教育中，教师和学生都是重要的组成部分，他们有着共同的教育目标，因而在韩语教育中，教师要妥善处理好师生之间的关系。下面我们具体分析韩语教育的内涵。

第一，韩语教育是一项具有加强目的性的活动。也就是说，在韩语教育的各个阶段，学校都会根据教学大纲等制定具体的教学目标，从而实现一定的教育目标。

第二，韩语教育是一项具有较强计划性的教学活动。它通常由以下几个主体来制订韩语教育的计划，即国家的教育行政机构、各级各类学校的管理部门以及教育者。

第三，韩语教育的内容十分广泛。它包括韩语的听力教育、口语教育、阅读教育、写作教育以及翻译教育等，涉及韩语的语法、语音等内容的教学。在教学实践中，韩语教师一定要采用合适的教学方法开展韩语教育，也可以把信息化的教育手段引入韩语的教育实践中，从而提升韩语教育的整体质量。

（二）韩语教育的主要内容

1. 语言知识

对于学生而言，学习和掌握一门语言是一个循序渐进的过程，首先就是要学习和掌握这门语言的基础知识，这也是开展语言学习的重要基础。这个道理同样可以应用到韩语教育中。在学生学习韩语这门语言的过程中，学生首先就是要学习并牢牢地掌握韩语有关的基础知识，从而为后续的学习奠定基础。

2. 语言技能

对于学生而言，在学习韩语时，除了要扎实地掌握韩语的基础知识，还需要在学习的过程中掌握应用韩语的技能，即韩语的听力技能、韩语的口语技能、韩语的阅读技能、韩语的写作技能以及韩语的翻译技能等。

第一，听力技能训练是为了培养学生对话语含义的识别、理解与分析能力。

第二，口语技能训练是为了培养学生口头输出已知信息、表达自身思想的能力。

第三，阅读技能训练是为了培养学生对语言内容的辨认与理解能力。

第四，写作技能训练是为了培养学生运用书面形式输出已知信息、表达自身思想的能力。

第五，翻译技能训练是为了培养学生的综合能力，涉及信息的输入与输出。

对于学生而言，他们在学习韩语的过程中需要学习和掌握韩语的听力、口语、阅读、写作以及翻译的知识及技巧。这些知识、技巧的学习和掌握有助于学生不断提升自己的韩语综合实力，有助于在实践中更好地运用韩语这门语言进行交际。

3. 文化意识

众所周知，"语言与文化紧密相连，彼此相互依存且相互影响"，[①] 人们在学习一门语言时往往会学习和了解这门语言背后的文化背景，从而加深对语言的理解。在韩语教育中，韩语文化的学习也是教育的重要组成部分，因而教师在韩语教学中一定要培养学生的跨文化意识，激发学生对韩语文化的学习热情，从而使学生更好地理解韩语的各种文化，了解韩国当地的基本习俗、礼仪以及风土人情等。

4. 学习策略

所谓学习策略就是指学生在学习的过程中使用的一些学习技巧以及方法。它能够有效地提升学生的学习效率。在韩语教育中，教师一定要向学生讲解必要的学习策略、激发学生的韩语学习热情和积极性，以帮助学生更好地学习和掌握韩语的知识以及技巧。虽然在全世界范围内，韩语这门语言的应用范围并不是很广泛，但是教师在教学中也可以积极地借鉴其他语言的学习策略供学生参考和学习。

---

① 鲍彤. 文化教育融入韩语教学的必要性与实践探究 [N]. 中国文化报，2023-10-20（003）.

例如，在具体的韩语教育中，教师可以向学生讲解情感策略、认知策略等，使每个学生都能够在韩语的学习中提升学习效率、培养自主学习能力，从而为进一步的韩语学习奠定基础。

（三）韩语教育的总体趋势

随着国际化趋势的增强、韩流的兴盛以及中韩关系的良好发展，各界对韩语人才的培养越来越重视。我国的韩语教育在总量上、区域分布上取得了前所未有的发展，而且还兴起了中韩合作办学模式。目前，国内几乎所有设立韩语专业的大学都和韩国的大学建立了交流或合作关系，这种交流和合作在一定程度上促进了韩语教育的发展。这不仅解决了生源问题，而且对提高学校的办学质量和国际声誉也发挥了积极的促进作用。

我国东北地区积极开设韩语相关专业。东北地区开设韩语专业的高校主要集中在延边、长春、大连和哈尔滨等地，其中以长春市最多。具体的地区分布为辽宁省：大连外国语大学、辽宁大学、丹东市辽东学院、大连民族学院；吉林省：延边大学、延边科技大学、吉林大学、长春理工大学、长春税务学院、光华学院、长春大学导游学院、吉林华侨外国语大学、吉林工业大学人文学院、东北师范大学人文学院、吉林农业大学发展学院、吉林师范大学、北华大学；黑龙江省：黑龙江大学、齐齐哈尔大学、黑龙江东方学院。

（四）韩语教育需求变化带来的新问题

随着韩语教育近几年来的迅猛发展，其存在的问题与前几年有着明显的不同。前几年韩语教育处于发展初期，我国高校的韩语专业大多建立不久，教师数量少、师生比例高、教师的学历层次较低、拥有博士学位的教师很少。当时我们面临的问题是供不应求，而今天我们面临的问题是供大于求。一方面，学习韩语的人越来越多，而为韩语人才提供的岗位却基本处于饱和的状态。这就使得大部分刚毕业的学生在毕业后处于茫然的状态，甚至是待业在家。另一方面，师资力量也不再薄弱，教师的学历层次不再需要被担忧，各校的教师要求不断提高，如长春各校的教师要求基本提升到了博士学历。这样许多本科毕业未找到工作而寄希望于研究生毕业的学生，又一次失望而回。面对并不是很有前景的就业趋势，学生在高考后选择志愿的时候很可能就不再会把韩语作为首选专业，因为他们需要面临以后能否找到工作、能否找到好工作的棘手问题。这就形成了一个恶性循环，能否合理发展韩语，让学习韩语的学生有一份相对稳定的工作，已经成为当下需要考虑的首要问题。

（五）韩语教育面临的问题及解决策略

1. 教学问题

面对韩语教育的严峻形势和面临的种种困难，我们需要从各个方面做出一些改变。首先是对韩语课程的修改。在课程设置方面，应该重视提高学生的整体素质，特别是对学生了解韩国的历史文化、理解社会供给等提供多种思考方式和进行广泛的知识教育，以促进学生构建合理的知识体系。在教学内容方面，要注重培养学生形成韩语独特的思维方法，提升学生的人文素养和科学精神。在优化师资力量方面，要进一步提高教师自身的教学水平。其次，我们应借鉴国外科学的管理经验，加强师资队伍的建设。在重视本土培养的同时，可以依据"送出去，引进来"的原则，把优秀的青年教师派往韩国深造。再次，加大引进人才工作的力度，吸引韩国名校的优秀人才到中国任教。最后，应大力推进国内高校与韩国大学之间的交流，加强教师交流和学者互访。

2. 招生问题

近年来，越来越多的高中生在选报高考志愿的时候放弃了语言类专业，这使得韩语的招生问题越发明显。所以，我们要提高学生对韩语的兴趣，吸引更多的学生来学习韩语。这几年流行的韩文化就是一个契机，如长春市的桂林路等地随处可见韩版的衣饰品、韩食、韩国电视剧（简称"韩剧"）也几乎家喻户晓。我们应该利用韩流之势，吸引学生对韩语的热爱，加深他们对韩语的感情，让他们觉得韩语是一门有用的学科，会有一个好的发展趋势。

3. 就业问题

中韩关系友好促进了韩语专业人才发展。由于中国和韩国经济贸易关系日益加强，日渐突显出了韩语专业的重要性，尤其是对于与韩国隔海相望的沿海地区的韩资企业，对韩语专业的人才需求量急剧增加。外商进入中国市场的同时，中国的企业也在走向世界，中国驻韩商会的成立为在韩国的中国企业提供了各方面的优惠政策和服务，驻韩的中国企业更需要韩语方面的人才，以及了解韩国风俗文化的人才。这样，韩语专业人才进入驻韩公司，代表中国企业与韩国交流，一方面可以为中国企业走向世界做出贡献，另一方面上升空间相对比较大。所以，学习韩国语的学生可以从多个角度就业。

第二节　韩语教育改革的背景与策略

一、韩语教育改革的背景

（一）信息化的时代要求

在现代化的信息技术时代，网络已经渗透到人们生活的各个角落，并且逐渐对人们的生活、工作以及学习等产生影响。其突出表现为在信息技术的辅助下，人们的生活方式以及学习方式都发生了较大的改变。对于学生而言，他们的主要任务就是学习，信息技术的应用拓宽了学生的学习范围，学生可以利用多种途径获取学习韩语的知识以及技巧等，这就要求学校的韩语教育必须进行适当改革，这样才能够使韩语教育跟得上时代的发展步伐，使学校培养的韩语人才能够为社会发展做出应有的贡献。总之，信息化对韩语教育产生的影响是十分深远的，教育者一定要认识到信息技术的价值和作用，从而使其更好地为韩语教育服务。

（二）韩语教育存在定位偏差

一直以来，我国开展的韩语教育大多是秉承如下教育原则：韩语教育应该重视培养和提升学生的韩语基础能力，让学生把基础打牢才是学生韩语学习的首要任务。然而在现代信息时代，人们生存的环境发生了较大的改变，社会的快速发展需要大量具有较强综合实力的韩语人才，这就要求韩语教育需要进行一定的改革，从而培养出更多具有综合实力的韩语人才，为社会的进步和发展贡献力量。另外，在信息化时代，很多学生已经意识到要提升自身的韩语应用能力，这也要求我国的各级各类学校对韩语教育进行改革，否则传统的韩语教育很可能会严重打击学生的学习积极性，甚至会使学生放弃对韩语的学习。

（三）韩语教育改革意义重大

目前，在众多教育工作者的努力下，我国的韩语教育取得了较大的发展，但是其在发展的过程中也遇到了很多需要解决的现实问题。如果这些现实问题得不到妥善的解决，很可能会严重地制约我国韩语教育的发展。具体分析而言，我国的韩语教育遇到的问题包括以下几个方面：第一，很多学校并没有制定清晰准确的韩语教育目标；第二，不少学校在韩语教育中仍采用传统的教育方式；第三，很多学校的韩语教育内容重复而且不够新颖；第四，不少学校的韩语教育的教学效率较低，难以激发学生对韩语的学习热情。由此可见，对我国的韩语教育进行改革意义重大，它能够较好地改进上述现实的问题，推进我国韩语教育的发展。

1. 顺应新形势下韩语教育发展要求

在新的时代发展背景下，韩语教育的发展必须紧紧围绕社会的发展，这样，韩语教育才会与社会的发展保持高度一致。在新的发展形势下，我国对韩语教育提出的基本要求为韩语教育要始终做到以学生为中心，使学生成为韩语学习的主体，重视学生是韩语学习的主体地位。在具体的韩语教育实践中，韩语教师一定要采用科学的方式教授学生韩语的知识及技巧，要教会学生科学使用韩语学习方法，这样，学生才能够在教师的指导下开展韩语的自主学习，从而提升韩语学习的效率。为了提升学生自主学习的质量，韩语教师有必要开展一定的训练活动以提升每个学生的自主学习能力。当学生具备了较强的自主学习能力时，他们就可以在课下开展自主学习，这样，他们也能够很好地利用课余的时间进行学习，而不仅仅是把学习局限于课堂之中。此外，在信息化时代，我们倡导每个人都要把终身学习当作目标，而终身学习目标的实现就要求学生具备较强的自主学习能力，否则在没有人监督的情况下，学生很难有效地利用闲暇时间学习所需的知识。我们现在生活在一个信息"爆炸"的时代，学生通常可以从多样化的渠道获取专业的知识，这就要求韩语教育一定要注重培养学生的自主学习能力，使学生在学习韩语的过程中更好地利用这些先进的信息技术手段，高效地解决现实中遇到的问题。

2. 有利于改变陈旧的韩语教育模式

目前，我国的韩语教育在发展的过程中出现了很多问题，尤其是教育模式方面的问题。虽然韩语教育改革要求学校转变传统的韩语教育模式，但是我国很多学校在实践中还是采用传统的韩语教育模式，这种模式存在很多弊端。例如，在教学中过于重视向学生传授韩语的基础知识，而忽略了向学生传授韩语的应用技巧；部分韩语教师在课堂中花费很多时间讲授理论知识，很少或者几乎没有留给学生应用韩语的时间，导致学生在韩语课堂中缺少机会练习韩语表达，也使他们很难在交际中真正地运用韩语。通过上述分析可知，我国传统的韩语教育模式实际上就是一种以教师为核心的教育模式，韩语教师在课堂中主导着整个教学过程。这可能会严重打击学生的学习热情以及积极性，还可能会扼杀学生的创造力，因而韩语教育改革具有重要的现实意义，它可以把一些先进的韩语教育模式引入现在的韩语教学中，从而激发学生的韩语学习兴趣。

在我国传统的韩语教育模式中，韩语教师往往是课堂的主导者，他们主导着课堂的整个过程和所有的程序，学生在韩语课堂中变得比较被动。例如，在具体的韩语课堂中，有时候教师在讲解一个重要的韩语知识点时，为了使学生更透彻地理解该知识点的内涵以及应用，会经常反复地讲解与此有关的韩语例子，这个过程会占据很多课堂时间，而且在讲解的过程中有时候教师也会重复地讲解与此有关的韩语知识点，从而使学生产生疲惫以及反感的心理。其实教师的这种做法是不妥当的，没有充分地考虑学生的学习心理以及学习规律，没有留给学生足够的时间来吸收和消化韩语知识，也没有留给学生足够的时间练习韩语的口语等，因而我国传统的韩语教育模式需要学校根据现实情况进行改革。

3.有利于科学评价体系的形成

在我国传统的韩语教育模式中，韩语教师往往会采用相对比较单一的评价方式来评价学生的韩语学习情况，这种评价方式往往是以考试的形式出现。虽然考试是一种十分高效地检测学生韩语学习情况的手段，但是考试这种评价方式也存在很多弊端，如根据学生的考试成绩把学生分成不同的等级，这无疑会伤害一些韩语成绩比较差的学生的自尊心以及自信心，从而打击这部分学生对韩语学习的积极性。在这种情况下，学校十分有必要对韩语教育进行改革，从而形成相对比较科学的评价体系，更加真实、全面地反映每个学生的韩语学习水平，同时间接地提升教师的教育质量。

二、韩语教育改革的策略

（一）学习先进教育理念，转变韩语教学模式

要想进行韩语教育改革，首先需要更新思想，转变韩语的教育理念。教育者要多把先进的教育理念引入韩语教育中，以先进的思想武装自己的头脑。现在人们生活在一个信息化的时代，因而不管是韩语专业的教师还是其他专业的教师都

应该把新的教学理念融入现代教育中，从而使这些新的理念更好地指导教师的教学行为。具体分析而言，在韩语教学中，韩语教师不能只重视向学生传递韩语的理论知识，还需要采取必要的措施和手段来锻炼学生的韩语应用能力。在转变教学理念的基础之上，学校要对现有的韩语教学模式进行适当改革，从而使韩语教学模式更加人性化，以促进学生的全面发展。

（二）运用信息技术手段，创新韩语教学方法

在信息化的背景下，我国很多学校的教师都把先进的信息技术手段应用到各科教学中，并取得了一定的教学成果。对于韩语教育而言，这也是一个很好的契机。韩语教师在教学实践中，也应该把先进的信息技术手段应用于韩语教学中，从而不断改革和创新现有的韩语教学方法，以激发每个学生对韩语的学习兴趣，同时为学生提供比较现代化的韩语教学环境。具体而言，学校可以从以下几个方面做出努力来不断地改革和创新韩语的教学方法：第一，学校的教育资金应该多向韩语教学方向倾斜，尽力为信息化韩语教学购置相应的硬件设施，这也是开展信息化教学的物质基础，否则很难有效地将信息技术手段应用于现实的韩语教学中；第二，学校还应该重视韩语教育的软件建设，可以引入相对比较先进的韩语教学系统来提升韩语教学效率。例如，学校可以充分地应用精品课程分享平台，为学生提供很多优质的韩语相关课程，这样就能够拓宽和丰富学生的韩语知识面，增强教学的直观性，从而使学生在学习的过程中体会到学习韩语的快乐和意义；第三，学校的韩语教师要结合学生的特点尝试引入比较新颖的教学方法，如翻转课堂、微课以及慕课等，这些新颖的教学方法优点很多，能够给学生的韩语学习带来很多新鲜感，从而激发学生对韩语学习的热情。

（三）加强专业系统培训，武装韩语教师队伍

在韩语教育中，教师是十分重要的组成部分。虽然我们不断强调学生才是韩语学习的主体，但是这并不意味着教师在韩语教学中就处于不重要的位置。相反，在实际的韩语教学中，韩语教师依然发挥着不可替代的作用，因而每个学校都应该重视对韩语教师的培训。学校要为学生的韩语学习构建一支优质的韩语教师队伍，以更好地引导学生学习韩语的知识和技能等。通常学校可以从以下两个方面提升韩语教师队伍的综合素质：一方面，学校可以定期组织韩语教师进行培训，

为韩语教师提供较多的培训机会；另一方面，学校可以把本校的韩语教师送到具体的岗位中进行实践锻炼，从而提升教师的韩语综合运用能力。

（四）实行校企合作模式，提供就业实习机会

在现代教育中，校企合作是一种很好的教育模式。它能够为学生提供运用知识的机会，使学生把所学的知识应用到社会实践中，提升学生的语言应用能力，同时它还能给企业输入新鲜的血液，促进企业的发展，这是一种可以实现学校和企业共同发展的教育模式。因而在韩语教育中，学校可以加强校企之间的合作，从而提升学校的韩语教育质量。需要强调的是，在学校与企业进行合作之前他们需要遵循一定的原则，从而使合作更加高效、顺畅。第一，遵循互惠互利的原则；第二，遵循相互参与的原则；第三，遵循相互依存的原则；第四，遵循共谋发展的原则。总之，在韩语教育中，学校要加强校企之间的合作，为学生提供更多的韩语应用机会，以提升学生的综合素质。

（五）健全反馈评价制度，完善韩语教学保障

在实际教学中，教学评价是一个十分重要的环节。它不仅能够很好地反映教师的教学情况，还能够从宏观上反映学生的整体学习情况，因而学校应该重视教学反馈评价制度，这样才能够全面、科学地对教学进行评价。在韩语教育中，学校应该不断地健全学校的韩语评价制度，不能把韩语的考试成绩作为评价学生韩语水平的唯一标准，而要更加客观、全面地评价学生。需要强调的是，在韩语的教学评价体系中，教师并不是评价学生的唯一主体，同学以及其他学校的管理者也可以成为评价学生的主体。此外，学校对学生的韩语学习情况进行评价时还可以采用多样化的评价方式，以增强学生的自信心，使每个学生都能够发现自己身上的闪光点，从而更加积极地开展韩语学习活动。

第三节 韩语教学的影响因素与原则

随着中韩两国在经济、文化等领域的交流以及韩剧、韩国娱乐节目的盛行，我国掀起了一股学习韩语的热潮。中国的很多学校开始重视对韩语教育的理论研究，并注重韩语教学的具体实施。

一、韩语教学的影响因素

（一）政策因素

一般而言，在研究韩语教学时，教育行政管理部门会从多个角度出发进行分析，以制定出更为合理的韩语教育目标。对于具体的韩语教学而言，这些具体的目标可以让当前的教学活动更具有针对性，从而提高人才培养的质量。一般来说，我们可以从以下两个方面出发来分析韩语教学的政策因素。

第一，韩语教学是我国人才建设的重要组成方面。在相关教学目标的指引下，韩语教师会着力提升学生的整体素质，显然，这对于推动社会的发展有积极的促进作用。

第二，在国家相关政策的引导下，教师可以积极制定韩语教学的相关政策与目标，从而辅助自己教学的顺利开展，同时也能为国家培养出更多优秀的韩语人才。

（二）教师因素

1. 教师的角色

就传统的韩语教学而言，教师扮演的主要角色是知识的传授者和教学的主宰者。然而，随着时代的发展和教学理念的转变，韩语教师的角色与以往相比发生了极大的变化。就当前来看，大学韩语教师扮演的主要角色有教学资源的提供者，教学活动的组织者、促进者与参与者。

教师是资源的提供者。各种教学活动的开展大多离不开教师所提供的教学资源，这些资源包括韩语学习的背景知识、习题与答案、学习的范例等，优秀的教师总是在源源不断地为学生提供教学资源，帮助学生不断学习、不断成长。

教师是教学活动的组织者。良好的组织工作是确保教学活动取得成功的关键因素。教师在韩语教学中扮演着教学活动组织者的角色，其主要任务是让学生对自己所要做的事情有明确的认识。为了完成这一任务，教师需要将具体的教学方法告诉学生，深化学生的认识，使学生明确开展活动及评价反馈的方法。

教师是教学活动的促进者。在教学活动的开展过程中，学生会不可避免地遇到各种困难，当学生通过自身的能力无法解决时，教师需要为学生提供相关的信息，积极调动学生的学习经验，帮助他们形成新旧知识的联系，从而促进学生对新的知识体系进行构建。

教师是教学活动的参与者。在韩语教学活动过程中，教师除了是组织者、促进者，还是参与者。教师应当发挥参与者的作用，融入学生群体，拉近自己与学生之间的距离。

2. 教师的素养

（1）专业素养

第一，较高的语言水平。大学韩语教师只有具备较高的语言水平，才能够有效地开展教学活动，培养出优秀的韩语人才。较高的语言水平不仅包括扎实的语言专业知识，还包括较高的语言技能。具体来说，韩语教师应当掌握丰富的韩语语音、语法知识，拥有丰富的词汇量，以及具备优秀的听、说、读、写能力。只有这样，韩语教师才能够对教材与教学内容进行全面把握，并将丰富的韩语知识传授给学生。所以说，只有教师具备了较高的语言水平，才能够推动韩语教学活动的顺利开展。

第二，全面的教学能力。大学韩语教师应当具备全面的教学能力，即传授和培养韩语知识技能的能力、教学的组织能力以及综合教学能力。其一，传授和培养韩语知识技能的能力，指的是教师在教学过程中应当积极采用多种方式对学生的学习进行指导，包括讲解、提问、启发、示范等；此外，教师还应当及时发现学生在韩语学习中存在的问题，并进行合理解决。其二，教学的组织能力，指的是韩语教师在教学过程中，应当积极动员与组织学生开展各种课堂教学活动。其三，综合教学能力，指的是韩语教师除了要具备韩语教学必需的语言能力外，还应当具备唱歌、制作、绘画等多方面的能力。

第三，较强的科研能力。在当今的时代背景下，大学韩语教师除了应当具备较高的语言水平与教学水平外，较强的科研能力也是必不可少的。积极参与科研活动、不断提升自身的科研能力，有助于韩语教师适应时代的发展需求，实现自我的发展与提升。

（2）师德素养

对于一名合格的教师来说，师德素养是至关重要的。只有具备了师德素养，教师才能够长久地保持对教育事业及学生的热爱。此外，师德素养还会对学生的成长产生非常深刻的影响。所以，大学韩语教师必须树立正确的世界观、价值观，坚定信念，树立远大的理想，以良好的精神面貌去感染学生、影响学生。

（3）人格素养

一名教师的综合素养如何，可以从他的人格素养中得到较好的体现。大学韩语教师应当重视自身人格素养的提升，其中包括良好的思想道德素养、谦虚好学的品质、良好的自我认知、和谐的人际关系、健康的心理状态等。其实，人格素养的各个方面并非独立存在，而是彼此之间相互影响的，正是这些品质的综合作用，塑造了教师良好的人格素养。

（三）学生因素

1. 学生的角色

（1）主体

在大学韩语教学中，应当重视学生主体性的发挥。在整个学习过程中，学生是学习行为的发出者，他们通过探索知识、发现知识、吸收知识以及内化知识等各种学习实践活动，构建自身的知识体系，促进自身世界观、人生观与价值观的形成。

（2）参与者

在大学韩语教学活动中，始终伴随着学生的参与。教师应当积极调动各种因素，激发学生的兴趣与求知欲，提升学生的参与度，培养学生的自主学习能力。学生也应当积极参与各种教学活动，充分调动自己的思维，思考问题、分析问题、解决问题，不断提升自己的综合能力。

（3）合作者

在韩语教学中，学生的学习始终伴随着与他人的交流互动，因此学生也扮演着合作者的角色。学生在与教师及同学的合作中，能够不断获得自我的提升。

（4）反馈者

教学活动的成效如何，主要从学生的学习情况体现出来。因此，学生还是教学活动的反馈者。教师根据学生的表现来获知其对知识的掌握情况，并且以此作为依据来及时调整、优化教学内容与教学方法，进而不断促进教学水平的提升。

2. 学生的个体差异

（1）学习潜能

学习潜能就学习认知的层面而言，它是一种学生所具备的学习能力倾向。换句话说，学习潜能也就是学生在韩语学习方面是否具有天赋。一般来说，学生韩语素质的提升依赖于学生综合能力的培养，而学生的韩语学习水平则可以通过学习潜能来测试。通常来说，学生的学习潜能主要涵盖以下四个方面的内容。

其一，是否具有对语言进行编码与解码的能力。其二，是否具备对语言学习进行归纳的能力。其三，是否具备学习语法的敏感性。其四，是否具有学习所需的联想记忆能力。

值得注意的是，由于学生的自然禀赋存在一定的差异，因此在学习潜能上所体现出的差异也是非常明显的。这就要求大学韩语教师充分考虑学生的实际情况，制定针对性的教学策略，以满足不同学生的不同需求，进而最大限度地挖掘学生的学习潜能。

（2）智力水平

学生的智力水平同学习潜能一样，是就学生能够认知的能力而言的。一般来说，智力水平较高的学生通常具有较高的记忆力、观察力与想象力，能够进行抽象思维，较好地完成语言学习任务。在大学韩语教学中，学生的智力水平是影响教学效果的一个重要因素。所以，在大学韩语教学过程中，韩语教师首先要对学生的智力水平进行充分的了解，然后在此基础上选择合适的教学策略，引导学生进行韩语知识与技能的学习。与此同时，学生也应当充分地了解自身的智力水平情况，找到适合自身的学习方法，不断提升韩语学习水平，培养自己用韩语进行交际的能力。

（3）学习动机

第一，深层动机与表层动机。学生的学习动机有深层动机与表层动机之分。在韩语学习中，学生的学习动机不同，学习目标自然也就不同。一般来说，具有深层学习动机的学生非常重视自身韩语能力的提升，因此，在学习韩语时对自己严格要求，充满了学习热情，在学习方法的选择上也表现出科学性与多样性的特点。而具有表层学习动机的学生通常对韩语学习的积极性不高，学习所持续的时间比较短暂，对自己的要求也比较低。

第二，内在动机与外在动机。学生的学习动机还有内在动机与外在动机之分。内在学习动机主要表现为对韩语学习充满兴趣以及对韩语学习持有端正的态度。通常情况下，具有内在学习动机的学生在学习时通常不会受到外在因素的影响，而具有外在学习动机的学生通常是为了应对外界的压力而进行韩语学习，所以很容易受到外在因素的影响。

（4）学习风格

学生的学习风格根据不同的划分依据表现出多种多样的特点。通常来说，按照感知方式以及认知方式所进行的划分是比较常见的。

第一，按照感知方式来分。按照感知方式的差异，学生的学习风格可以划分为听觉型、视觉型和动觉型三种。一般来说，听觉型学习风格的学生倾向于用耳朵来学习，在听的过程中，学生能获得各种韩语知识，这类学生往往在教师的口头教学与听力教学中表现良好，但是在书面表达方面却有许多不足之处。视觉型学习风格的学生倾向于用眼睛来学习，在看的过程中，学生能获得相关的韩语知识，通过这种直观性看的形式，学生能够对知识有清晰理解，这类学生通常在教师利用板书及多媒体开展的教学活动中表现良好，但往往对口头教学与听力教学表现出不习惯。动觉型学习风格的学生倾向于在实践中进行学习。学生在参与各项实践活动的过程中获取相关的韩语知识。这种类型的学生比较乐于参与一些具有挑战性的学习活动，并且能够从中快速地提升自身的学习能力。

第二，按照认知方式来分。不同的学生在认知方式上往往存在比较明显的差异，根据认知方式的不同，学生的学习风格可以划分为场依赖型与场独立型、整体型与细节型等。场依赖型与场独立型学习风格是以学生对自身情况的依赖程度为依据进行划分的。实际上，场依赖型的学生与场独立型的学生在对信息进行处理时，各自的倾向是截然不同的。一般来说，场依赖型学生很容易受到外在因素的影响，在学习中对教师与同学的依赖较强，通常很难独立进行思考或解决问题；而场独立型学生则不容易受到外在因素的影响，在学习中很少依赖他人，善于独立思考和解决问题。其实，大多数学生都不是完全意义上的场依赖型与场独立型风格的学习者，而是处于这两种风格之间。

整体型与细节型学习风格是根据学生接收信息的方式来划分的。通常来说，整体型学习风格的学生倾向于从整体的视角来分析、思考问题，自身的直觉性与模糊性比较强，但是在深刻性与准确性方面则存在不足。如果在学习中遇到困难，这类学生通常会选择向他人求助。而细节型学习风格的学生通常倾向于把握与记忆一些比较具体的信息，善于从细节方面分析、思考问题，在遇到困难时，他们常常将问题划分为具体的细节来加以处理，较少依靠别人。

总而言之，学习风格对于大学韩语教学的影响是非常显著的，韩语教师应当充分了解学生的学习风格,根据学生的实际情况进行有针对性的学习指导,只有这样,才能不断提升韩语教学的质量。

(四)环境因素

1. 社会环境

社会环境指的是教学的外部环境,对于这些环境而言,都是可供教师以及学生使用的。

(1)物质环境因素

在韩语教学中,物质环境显然是必需的。如果没有合适的学习场所,学生就无法展开正常的学习生活;如果没有丰富的图书资源,学生也就无法从书籍中汲取更多知识。显然,良好的物质环境是有利于教师正常开展教学的。

最近几年,随着现代信息技术的使用,教师可以将一些新的教学技术引入教学中,从而改变传统的教学模式,学生也可以根据自身的情况在合适的时间提前进行自学。在这个过程中,学生能够对已有的知识形成更为深入的认知,可以说,当前信息技术的发展为韩语教学的创新做出了积极贡献。

(2)文化环境因素

在具体的教学过程中,我们一直处于一定的文化环境中,显然,文化环境的不同会影响处于这个环境中的人,会对学生的韩语学习产生一定影响。通过分析当前的情况,我们可以看出很多学生尚没有形成正确的韩语学习方法,并且很多学生仅仅利用课上的时间开展韩语学习,对教师的讲授表现出了很大的依赖性。

2. 学校环境

(1)教学设备

在韩语的具体教学中,教学设备也是非常重要的。我们日常所见的很多东西都可以被划入教学设备的范畴,如实验楼、学生宿舍以及教学楼等都是教学设备的重要组成部分,显然,教学设备的质量会对当前的韩语教学产生极大的影响。

如果学校的教学设施比较好,则可以为学生韩语口语的训练提供一定的技术支持。在多媒体教室中,学生就可以通过自主训练提高自己的口语能力,这可以在一定程度上缓解学生的学习疲劳,使他们的学习兴趣得到更好的激发。

（2）教学信息

在当前的信息化背景下，学生知识的获得有了更多渠道，与过去相比，学生知识的获得不仅仅可以来自课本，还可以通过网上获取。语言的习得与练习密不可分，对于韩语习得也是如此，学生要想掌握好课本中的知识，就需要多进行练习，这样才能不断提高自己的韩语水平。

二、韩语教学的基本原则

（一）以学生为中心原则

在大学韩语教学的基本原则中，以学生为中心是首要的原则。具体来说，以学生为中心要求教师所有的教学活动都应当以学生的学习为前提，时刻关注学生的学习情况，所有的学习任务紧紧围绕学生来安排。要做到这一点，教师首先应当对学生的学习需求与心理状态进行充分了解，然后在此基础上合理安排教学计划，选择科学的教学方法，以满足学生的学习需求。

具体来说，以学生为中心要求教师做到以下几点。

1. 教材分析要以学生为中心

教师在分析教材时，应当对教学内容进行充分的理解，并根据学生的实际学习情况对教学目标及教学任务进行合理的调整；同时，教师应当在了解学生实际需求的基础上，对教材的内容与活动进行各种有效的处理，使教材真正与学生的学习需求相匹配，从而更好地为教学活动服务。

2. 教学方法和手段的选择要以学生为中心

教师在开展韩语教学活动时，应当重视教学方法和手段的选择，应紧紧围绕学生这个中心来选取。一般来说，直观教学法能够使学生对语言形成直接的感受与理解，进而有效地激发学生的兴趣，这对于学生记忆的强化是非常明显的。形象化教学法则可以使学生的直觉思维得到很好的调动，在实际教学中，教师可以借助多媒体来达到满足学生好奇心的效果，使学生积极参与课堂教学。

3. 教学活动的设计与组织要以学生为中心

在设计与准备教学活动的时候，教师应当对学生的特点、知识掌握情况、学习兴趣等方面进行充分了解，这样才能使教学活动适合学生的学习特点、满足学生的多元化学习需求，进而促进教学目标的顺利实现。

（二）输入优先原则

在大学韩语教学中，应当遵循输入优先的原则。输入指的是学生通过听与读的方式来接触韩语语言，获得韩语知识；输出指的是学生通过说与写的形式将语言表达出来。通常来说，学生所输入的语言量越大、质量越好，最终输出的内容也就越好。所以说，韩语的输入是输出的前提与基础。韩语的输入具有以下三个特性。

一是可理解性。这里所说的可理解性指的是对于所输入的语言材料的理解。

二是趣味性与恰当性。这一特点要求学习者在对语言材料进行输入的同时产生兴趣。

三是要保证足够的输入量。对于韩语教学来说，这一点是非常重要的，足够的输入量能够拓宽学生的知识面。

在大学韩语教学中，教师要坚持输入优先的原则，应当重点关注以下几项内容。

其一，在输入内容与形式方面要注重多样化。内容可以来自各种材料，形式可以是文字、图像，也可以是音频、视频等。

其二，教师要综合运用多种手段，为学生提供更多接触韩语的机会，不断增加学生的可理解性语言输入，与此同时，教师还应当突破课堂教学的限制，引导学生在课外时间通过多种形式开展韩语学习，从而扩大学生的韩语学习范围，增加语言输入，进而促进学生韩语能力的提升。

其三，重视对学生理解能力的培养。教师在为学生提供韩语学习材料的时候，应当充分考虑学生的实际学习需求，并且注重学习内容与形式的可理解性与趣味性。对学生输入的韩语材料应当与学生自身的学习水平一致，重视学生对输入材料的理解，而对于学生的韩语输出情况则不必做过多的要求。从教学方法的角度来说，这也是一种坚持输入优先原则的表现。但是需要注意的是，单纯依靠韩语输入很难从根本上促进学生韩语综合能力的提升，因此说韩语与写韩语也是非常重要的。

其四，鼓励学生进行语言模仿。教师需要强调模仿的有效性，强调对生活中的真实情境进行模仿，并且应当对语言结构所表达的具体内容给予更多的关注。也就是说，让学生进行语言模仿的最好方式是鼓励学生在具体的情境中对所模仿的语言进行使用。

（三）灵活多样原则

1. 灵活多样的课程设置

长期以来，在大学韩语教学中，教师往往处于中心位置，学生的个性差异与个体需求在一定程度上没有得到足够的重视，这在很大程度上限制了韩语教学水平的提升。实际上，大学韩语教学仅仅依靠必修课的形式来开展是远远不够的，还应当以选修课为辅助，在课程的设置上注重灵活性与多样性，这样才能充分满足学生的个性化需求，促进学生韩语综合能力的提升。

因此，在大学韩语教学中应该开设多种形式的选修课，如韩语文学选读、韩国社会与文化等，并且这些选修课应当在所有年级都开设。在教学模式上，主要采用任务型教学，通过多元化的手段使学生更多地了解韩国的文化背景知识。在选修课程时，要给予学生充分的自主权，使学生根据自身的兴趣与需求加以选择。

开设形式多样的韩语选修课，对学生来说是一种非常好的提升韩语能力的方式。同必修课相比，选修课更具有趣味性、实践性与探索性，因此更能够激发学生的学习兴趣。必修课与选修课之间相辅相成、缺一不可，共同促进学生韩语综合能力的提升。

2. 灵活多样的教学模式

随着信息技术的飞速发展，多媒体辅助教学已经成为大学韩语教学的一种重要形式。在多媒体的辅助之下，韩语教学突破了传统的以教师讲授为主的单一教学模式，实现了传统的课堂教学与网络教学的有机结合，这是对韩语个性化教学模式的一种新探索。多媒体的辅助，一方面在很大程度上使韩语教学突破了时间与空间的限制，使教学内容与教学形式呈现多元化发展的趋势；另一方面教师也可以利用多媒体针对学生的实际需求制订针对性的教学计划，并为学生提供丰富的教学资源，使学生沉浸在一种多维的韩语教学环境之中，从而充分融入韩语教学活动之中，发挥自身的主观能动性，不断促进韩语水平的提升。

在多媒体教学模式中，学生扮演的角色较以往发生了很大的改变。在整个教学过程中，学生自主地对学习任务进行设计、积极参与学习活动、与他人进行合作学习，并对自己的学习情况作出评价。教师则主要是对学生进行指导与帮助，教会学生有效的学习方法，培养学生自主学习的能力，从而使学生的自主性与创造性得到充分的发挥。事实证明，这种崭新的教学模式有效地培养了学生的自主学习能力、韩语综合能力，促进了学生创新意识的形成，使学生的学习能力得到了充分的展现。

3. 灵活多样的课堂活动

在大学韩语教学中，课堂交互活动的影响力是不容忽视的。因此，教师应当重视为学生创设灵活多样的课堂活动。在创设活动时，教师要充分考虑学生的学习特点与学习水平，力图使课堂活动最大限度地满足学生的多样化需求。韩语课堂教学具有非常强的实践性，学生所掌握的韩语最终需要应用于实践之中，所以教师应在重视学生课堂听课的同时，为学生创设灵活多样的课堂活动，强化学生的课堂实践。

韩语课堂活动的形式不拘一格，可以是大班活动，也可以是小组活动，还可以是结对子活动。学生通过参与活动，使自己已经输入的韩语知识在课堂活动中得到输出，从而将韩语语言的输入与输出有机地统一起来，进而促进学生韩语应用能力的提升。多样化课堂活动的创设，不仅能将韩语教学的各个部分有机地结合起来，使学生更快、更好地掌握韩语的知识和技能，而且能够在很大程度上促进学生思维的发展，培养学生的创新意识与自主学习能力。

4. 灵活多样的评价方式

在大学韩语教学中，对学生进行评价时也应当重视评价方式的灵活多样，具体来说，教师应当将学生对于韩语知识与技能的实际应用情况作为评价的重点，既重视对学生学习过程的评价，又重视对学生学习结果的评价，使形成性评价与终结性评价有机地统一起来。在评价时，不应单纯以教师的评价为依据，还要关注小组评价、他人评价以及学生的自我评价，从而形成一种开放的、多层面的评价体系。这样的评价方式能够为学生创造一种宽松、民主的学习氛围，进而促进学生学习能力的提升。

在韩语学习的考核方面，教师也应当重视多样化方法的运用。除了采用传统的笔试与闭卷考试外，还要结合面试以及开卷考试，对学生的知识掌握情况进行全面了解。由于韩语是一门语言学科，因此，相对而言，采用面试考核的形式是一种非常好的方法。在实际操作中，教师应根据实际情况进行灵活的变通，既可以让学生自己陈述，也可以以两人为一组进行对话，还可以采用多人对话的形式，总之，在考核形式的应用上，教师要根据具体的情况进行灵活选择。

除此之外，教师在进行命题的时候，仍然要注意灵活多样。通常来说，在题型的设置上要全面一些，考核的内容应当覆盖所学的知识点，并且侧重于主观题的考核，目的就在于为学生提供更多展现自己的机会，使学生的思维得到充分的扩散。

综上所述，灵活多样的原则对于韩语教学来说具有非常重要的意义，在教学中坚持这一原则不仅能够有效地提升韩语教学水平，而且能够培养学生的综合学习能力，因此，韩语教师对于这一原则应给予足够的重视。

（四）真实性原则

所谓真实性原则是指大学韩语教学应当体现出韩语真实的使用环境。这一原则要求韩语教师在对教学内容进行设计时，应充分考虑韩国的社会文化与交际情境，以使学生了解更多使用韩语的真实环境。

具体来说，在教学中，教师应将培养学生的韩语综合能力作为总目标，运用任务教学法与交际教学法开展各种教学活动，为学生创造各种使用韩语的交际情境，促进学生韩语能力的提升。在教学中，教师通常需要注意以下几点。

1. 把握真实语言运用目的

语言交际总是伴随着一定的目的，教师要从根本上提高学生的参与度，提升学生的语言运用意识与能力，而最根本的是要把握真实的语言运用目的。

2. 采用语用真实的教学内容

语言教学同其他学科相比，具有特殊性，韩语教学自然也是如此。因此，在韩语教学中，教师应当重视采用真实的教学内容。除了要对教材的内容进行充分讲解外，还要选取一些相关的语言材料加以讲解。

（五）交际性原则

韩语是一门实践性较强的工具性学科，其教学的根本目标就是培养学生运用韩语进行交际的能力，所以大学韩语教学的开展应当遵循交际性原则。通常来说，在大学韩语教学中教师应当重视以下几个方面。

1. 重视韩语教学的交际作用

韩语是一种进行语言交际的重要工具，教师在韩语教学中应当重视其作为交际工具的作用。从根本上来说，韩语教学就是要使学生了解并且掌握韩语这种交际工具。具体来说，在韩语教学中，教师的教学应当将交际能力作为教学目的，学生的学习也应当将交际能力作为学习目的。在课堂上，教学活动应当重视对学生的韩语应用技能进行反复训练，以促进学生韩语交际能力的提升。

由于中国学生长期处于母语环境之中，缺乏韩语使用的真实情境，这会在一定程度上限制学生韩语应用能力的发展。因此，在大学韩语教学中，教师应当积极为学生创造使用韩语进行交流的机会。具体来说，教师可以运用各种教学辅助工具，创设一定的韩语情境，使学生融入情境之中，用韩语进行交际。这不仅能够激发学生的参与兴趣，也能够有效地提升学生的韩语应用能力。

2. 重视韩语教学的生活性

从根本上来说，大学韩语教学最终是为学生的生活而服务的，所以教学中应当对生活性给予足够的关注。具体来说，教师在教学过程中，可以选择一些学生日常生活中比较感兴趣的内容同教学内容结合在一起，吸引学生的注意力，从而激发学生参与韩语学习的兴趣，促进学生韩语水平的提升。

第四节 现代教育技术辅助韩语教学的理论基础

学习现代教育技术的理论基础是深入开展现代教育技术的必要条件。离开了科学的现代教育技术理论基础指导，现代教育技术辅助韩语教学的水平、质量将缺乏保障。

一、现代教育技术理论基础

现代教育技术既是人类科学技术、教育学、语言学和认知科学发展到一定阶段的必然产物，也是在传统的教育教学，语言学理论、思想、观点、方法的基础上加以批判的继承和发展而形成的，同时，它还运用了传播理论、媒体理论及系统科学理论等多种学科的理论和科学技术成果。这些理论和成果相互交叉、相互渗透，共同构成了现代教育技术的理论基础。现代教育技术作为一门新兴的、综合性的交叉学科，它的理论基础的主要特点是层次性、开放性、综合性和系统性。

二、现代教育技术理论框架

学术界对现代教育技术理论的基本框架还没有一致的观点，但南国农的观点比较有代表性，他认为，现代教育技术的理论有三个层次。第一个层次是基础理论。它由马克思主义的认识论和系统科学的理论构成。第二个层次是外延理论。它主要由自然科学理论和社会科学理论两大部分构成。第三个层次是现代教育技术的核心理论。它主要由语言学理论和传播理论两大部分构成。

在现代教育技术理论的研究中，重点研究的是现代教育技术的方法和现代教育技术的核心。外延理论由于牵扯的问题比较多、学科性比较强、专业性比较突出，研究起来比较复杂，与现代教育技术理论间的关系不如第一个和第三个层次那么密切，所以，在一般的现代教育技术理论研究中都不作为重点。

三、辅助韩语教学的理论基础

现代教育技术辅助韩语教学最主要的理论和因素，可从本体论、实践论和方法论三方面来说明。

（一）本体论

现代教育思想、多媒体软件设计思想；现代语言学理论、跨文化交际理论（包括语言学理论、认知语言学理论、计算机语言学、外语教学论）；心理学原理（包括认知心理学、影视心理学、发展心理学、外语教育心理学、学习心理学）。这是现代教育技术辅助韩语教学必须遵循的基本教育理论、语言学理论和心理学原理。

（二）实践论

多媒体辅助韩语课堂教学设计：软件系统的总体风格、封面导言设计、屏幕界面设计、交互方式设计、导航策略设计、超文本结构设计；课堂教学测试与评估（包括教学策略、学习方法、评估方法与手段）；基于心理学原理的人工智能、软件的教学设计、软件的系统设计（包括教学目标分析、学习者特征分析、媒体选择设计、知识结构设计、诊断评价设计）。

（三）方法论

软件原型的构建、文字脚本的编写；制作脚本的编写；软件的测评、教学系统评估。

在现代教育技术辅助韩语教学的过程中，信息技术是基本的元素，同时还涉及哲学、美学、传播学、信息论、系统论、控制论等多种学科的理论和科学技术成果。

第二章 韩语学习的特点和过程研究

本章主要对韩语学习的特点和过程进行分析，主要介绍了四个方面的内容，依次是"第二语言习得"与"外语学习"的概念区分、韩语学习主体研究、韩语学习过程研究、韩语学习者策略研究。

第一节 "第二语言习得"与"外语学习"的概念区分

近年来我国韩语教学理论研究在很大程度上是借鉴和引进国外的一些相关理论，这些相关理论很多是与第二语言教学有关的。我们提出建立具有中国特色的韩语教学理论，一个重要考虑就是在中国教韩语完全不同于在那些将韩语作为母语或官方语之一的国家语言教学情况。因此，有必要对一些相关的概念进行明确区分。

一、"第二语言"与"外语"

"第二语言"与"外语"究竟有什么区别？它们是同一概念不同风格的用语，还是两个截然不同的概念？

斯特恩（Stern）在其《语言教学基本概念》一书中区分"第二语言"和"外语"时指出，"第二语言"一般指在本国有与母语同等或更重要地位的一种语言，如在韩国，指的是教外国移民韩语的韩语课程；"外语"一般指在本国之外使用的语言，学习的目的常常是为了旅游和阅读文献等；斯特恩还指出，"第二语言"广义上还可以用作泛指任何一种在母语之后习得的语言，有时还可以与"外语"同义替换。

埃利斯（Ellis）在《理解第二语言习得》一书的第一章中明确指出，"第二语言"并不意味着与"外语"有区别，"第二语言习得"是泛指，用来指自然习得和课堂习得两种情况。然而，这两种情况下的习得是否有差异仍是一个有待讨论的问题。因此，在埃利斯看来，"第二语言"与"外语"非要区别的话，应主要在于是否是在"自然"环境下习得的这一方面。

利特尔伍德（Littlewood）在《外语与第二语言教学》一书，对该书中术语的使用有一个专门的说明。在谈到"第二语言"和"外语"时他说，人们所学的"第二语言"在学习所在地有其社会作用（如作为一种通用语或者作为另一社会集团的母语），而学习"外语"是为了与本语言社团之外的人接触。然而，在该书的大部分讨论中，我们觉得没有必要区分这两个术语，因而将第二语言作为"外语"和"第二语言"的泛指。但是，从书名来看，利特尔伍德本人却没有始终如一地坚持这一标准。由此可以看出，"第二语言"这一术语有两种用法：一是泛指在母语之后习得的任何一种其他语言；二是与"外语"相区别，指在本国内作为通用语或其他民族用语的语言。一词多义，这也许就是"第二语言"一词引起混乱的根源所在。

众所周知，第二语言是相对于第一语言而言的，而外语和非本族语是相对于母语和本族语而言的。第一语言、母语和本族语的共同特点是最早习得的语言，常常是在家庭环境中习得的，熟练程度高、语言直觉强。第二语言、外语和非本族语的共同特点是一种双语现象，在掌握的时间顺序上次于第一语言，熟练程度一般不如第一语言，习得方式一般是学校教育、家庭教育或自学。这两组术语的区别实际上是相对的，某些特殊情况下它们之间的区别往往会比较模糊。由此可以得出结论，以上这些术语的区别是相对的，因人因时因地而异，并没有什么客观标准。在碰到以上术语时，我们应该根据语境和其他背景知识作出判断。

在我国，除了少数民族学习汉语和汉族人学习少数民族语言时可以把对方的语言称为"第二语言"外，中国人在中国境内学习的其他国家语言一般情况下都应被称为"外语"。这也许是为什么我们在阅读和介绍国外"第二语言"研究成果时，对"第二语言"的理解和翻译感到困惑的原因之一。实际上，20世纪70年代以前在欧美，几乎所有的外语教学文献都是用"外语"一词来泛指母语之外的其他语言的。我们认为，鉴于国外外语理论界对"第二语言"一词用法的不统一，有必要严格区别第二语言作为泛指和作为特指的情况，在译成汉语时应分别译为"外语"和"第二语言"，以示区别。即使直译也应分情况作出说明。我们的主要依据是狭义的"第二语言"与"外语"在语境、语言输入、学习者的情感因素、认知基础和掌握程度方面都有着明显的差异,两者不可混为一谈。

首先,在语言环境方面,第二语言与外语有着根本的差别。第二语言学习者一般都有一个比较自然的语言环境,他们周围有众多的该语言的本族语使用者。基于种种原因,他们之间可能会有各种各样的联系。同时,由于该语言可能是官方语言的一种(如英语、法语在加拿大都是官方语,印地语和英语在印度也是官方语等),新闻媒介、官方文件、广告等为学习者提供了一个比较真实、自然的语言环境。而外语学习者一般来说很难有这样的语言环境。

其次,从语言输入来看,第二语言学习者一方面有自然的语言环境,另一方面,如果学习者通过课堂教学学习该语言,教师的语言程度、同学的语言程度等都给他们提供比较理想的"可理解性输入",其中包括针对外国人的谈话、教师语、同伴语等;而外语学习者则不同,他们一般不可能得到针对外国人的谈话之类的输入,由于外语教师语言水平总体上不能与第二语言教师相比,教师语的质量和数量在一定程度上是不如第二语言教学课堂的,同伴语在很大程度上也受到限制。

再次,第二语言学习者和外语学习者在学习过程中的情感因素也有着本质的区别。在第二语言学习环境中,由于第二语言在本语言社团的特殊地位,学习者往往有强烈的学习愿望和动机。比如,韩语在印度和一些非洲国家是一种影响择业和晋升的重要因素,学习者的工具性学习动机很强。这与中国学生在本国学习外语有根本的区别。这并不是说中国学生缺乏学习外语的动机,而是说中国学生很少有对外语学习有更大促进作用的综合性动机。就情感因素的其他方面而言,如态度、个人性格等,由于语言学习环境的制约,其潜在的对外语学习过程的促进作用也受到极大的限制。

最后,更为重要的是,由于第二语言、外语与母语之间的关系不同,母语知识对另一种语言知识习得的影响也不一样。在欧美国家,由于学习者所要学习的第二语言一般都是与他们母语有着同源关系的语言,相近的文化背景和相似的语言特征使得他们语言能力的正迁移远远超过负迁移。与此不同的是,中国学生由于所学外语一般是与母语分属于不同语系的语言,文化传统、语言特征,包括语音、语法和文字系统迥然不同,他们在学习中遇到的困难远远超过那些语言和文化与目的语相近的学生。根据有些欧美学者的研究,无论学习者有什么样的文化背景和语言背景,无论在什么样的语言环境里学习,其掌握某种第二语言的程序是不变的,学习者的个人差异只会对学习的进度产生作用,而不会对程序发生影响。然而,从他们所研究的对象(主要是母语为印欧语系语言的学习者),以及从中国学生学习中发现的独特性错误来看,有理由怀疑这一结论的可靠性。

这样看来,韩语教学有着与第二语言教学完全不同的特点,中国学生学习韩语更有其特殊的地方。因此,我国的韩语教学必须从具体情况出发,建立自己的韩语教学理论体系,对国外的韩语教学理论,尤其是关于第二语言习得的理论,应该采取慎重的态度,在吸收和借鉴过程中应充分考虑到中国的国情,考虑到中国的韩语教学环境和中国学生学习韩语的特殊规律。

二、"习得"与"学习"

下面谈谈与"第二语言"和"外语"有关的另一对术语"习得"与"学习"。

"习得"用于对外语学习过程的描述,主要是母语学习过程研究成果对外语教学研究影响的结果。研究者发现,儿童掌握母语的过程很像一种自然成熟的过程,只要有适当的语言环境,儿童往往无须任何外在的力量,无须任何有意识的学习便可顺利地掌握母语,我们称这一过程为"习得"过程。外语学习研究者认为,外语学习者在自然的语言环境中,也可以像儿童一样自然地掌握外语。因此人们常用的"学习"一词被用来专指外语学习,指在正式环境下(如课堂)有意识地学习外语语法知识和使用规则的过程。

20世纪80年代初期,美国的史蒂芬·克拉申(Stephen Krashen)提出"监控假说",把"习得"和"学习"当作一对对立的概念。克拉申认为,"习得"是外语学习者掌握外语的唯一渠道,"习得"只有在自然的语言环境下才能产生;学习者有意识地对语法规则的学习和训练,不可能导致"习得"。另外,还有人认为,语法教学是帮助学习者获得语言交际能力的捷径,成年人在课堂里学习了语法规则,可以在课堂内外练习这些规则,直到能在交际中下意识地使用它们。他们认为,语法教学是一种培养学生语法意识的过程,因此,语法教学或学习也可以产生"习得",关键不在于该不该教语法,而在于如何教更有效。这一观点在外语教学理论中被称为"接口理论"。还有一种观点,即所谓的"可变性观点",强调教学方法应与学习过程相适应。课堂教学应考虑学习者特定的目标,并提供相应的语言知识。如果学习者的目标是用随意的风格，参与自由交谈，那他需要掌握的是自动的、未分析过的外语知识，他可以通过强调交际功能的课堂教学达到这一目的，但前提是有足够的机会练习将正式的语言知识转化为随意风格。对"习得"与"学习"的区别，许多人持否定的态度。斯特恩认为，区分"习得"和"学习"没有任何理论意义，两者指的是同一个概念，它们的区别是一种风格上的差异。

利特尔伍德认为，语言学习中的无意识和有意识是无法真正明确地加以区分的。因此，"习得"和"学习"的区别建立在这个基础上是不可靠的。他认为，"学习"可以作为一个概括用语，其中包括无意识与有意识的学习活动。我们认为，把外语学习过程完全与母语习得过程等同起来是不科学的。母语习得实际是一种社会化的过程，母语交际能力的获得与其他社会能力及认识能力等的获得是同时的、交织在一起的，母语获得是儿童生长发育和社会化的一部分。而外语学习则一般都是在学习者母语习得完成以后进行的，其认知基础已经发生了根本性的改变。所以，母语习得意义上的获取在外语学习过程中是不存在的。外语学习过程是否是有意识的，主要取决于学习任务、学习方式和学习目标。外语学习过程包含"习得"和"学习"，它不但是完全自然的，而且是必然的，两者没有本质的区别。

第二节　韩语学习主体研究

在韩语教学理论研究中，对韩语学习主体的研究始终占据很重要的位置。这不仅是因为对韩语学习者进行研究可以使我们深刻认识韩语学习过程的特点，使我们设计和创造出更加切合韩语学习客观规律的韩语环境、韩语课程和韩语教学活动，而且通过对韩语学习特点与母语习得特点的比较，将有助于我们更好地理解什么是韩语、韩语有什么功能等重要理论问题，从而丰富韩语教学的研究内容。

一、韩语学习主体的年龄

直觉和经验告诉我们，年龄在母语和韩语习得过程中是一个十分重要的生理因素。从母语习得的研究来看，儿童如果过了一定的年龄，即使有语言环境也很难顺利地习得一种语言。对脱离正常人类生存环境至一定年龄而未习得人类语言的人的研究就是一个明证。这在语言习得研究中被称为"关键期假说"。埃里克·勒纳伯格（Eric HeinzLenneberg）发现，小孩左脑的损伤对语言功能一般不产生影响，但成年人左脑损伤则往往意味着整个语言功能的丧失。勒纳伯格认为，通过"接触"就能习得任何语言的关键期是2岁至发育期。2岁前不具备这种能力是因为大脑发育未到一定程度，而发育期后这种能力逐渐丧失是因为大脑失去了原有的弹性。

从目前的研究情况来看，研究者对关键期终止的具体年龄很难达成一致的看法。很多研究者采用"发育期"一词，显然是个模糊的概念。可以设想，人脑中确实有一个大脑功能相对区域化的过程，但这一过程是相对缓慢的。5岁左右可能是大脑内部整理的高峰时期，但高峰期后仍有一个缓冲期。而在婴儿2岁或1岁前（因人而异）由于正常发育，他们的语言功能是逐渐从零向起始状态过渡的过程。因此，我们认为，关键期实际上有点像一个不规则的倒"V"形连续体，其起止界限并不是突然的、清晰的。

从目前的研究结果来看，有关年龄因素对韩语习得影响的认识似乎可以做以下小结：学习韩语的起始年龄并不会在很大程度上影响习得的程序；任何年龄开始学习韩语都有可能获得成功；学习韩语的起始年龄较明显地影响习得的速度和效率；在语法、词义和词汇方面，少年比儿童和成年人表现更为出色（如果学习时间相等）；学习时间的长短影响习得的成功程度；学习时间的长短与整体交际能力的获得关系极为密切；起始年龄对习得的成功程度起着决定性作用，尤其是在语音方面。

关于年龄因素对韩语习得的影响有多种解释。第一种就是前面提到的生理方面（关键期）的解释，还有从认知角度、情感角度对此作出的解释。这一内容后面还要提到。有关年龄因素对韩语习得影响的讨论对我国韩语教育政策的制定和韩语课程的设置有着十分重要的意义。我国人口众多，部分地区的教育相对落后，国家对韩语教育的投入有限。如何使有限的资源产出较大的效益，是一个极具战略意义的问题。

在改革开放初期我国曾急需一批韩语人才，当时的中青年韩语自学成才者，以及经过短暂学习和培训即大显身手的韩语人才，大部分曾就读于或毕业于外语学校。这对我们调查研究外语学校和外语院校附中韩语教学的成功经验非常重要。

从近年来上海外国语大学附属外国语学校(简称"上外附中")的毕业生情况来看,一是其韩语基本功非常扎实,进入大学后与普通中学的学生相比,其整体韩语能力远胜于普通中学的毕业生;二是虽然上外附中对韩语教学有着特殊的要求,但学生其他科的成绩不但没有因为在韩语上花的时间多而受到影响,反而超过了其他重点中学的学生成绩。近年来,许多大城市的小学毕业生报考外语学校的人数远远超过其招生名额。在目前的形势下,如果国家有关教育行政部门能组织力量认真总结外语学校的成功经验,大力推广和普及外语学校的教学模式和教学经验,不但可以满足社会民众的迫切需求,而且对提高我国韩语教育的水平也具有重要意义。

二、韩语学习主体的智力

智力指的是掌握和使用各种学习技巧的能力。

奥勒(Oiler)和铂金斯(Perkins)认为,语言潜能与智力因素是平行的,但他们在母语习得过程中发现,智力并非决定性的因素,除非是智障儿童,一般儿童都能获得完整的语法能力。如果奥勒和铂金斯的结论站得住脚,那么可以预测,在韩语习得中智力因素不是一个决定性的因素。

卡明斯(Cummings)提出了一个折中的说法。他区分两种不同性质的语言能力:认知学习语言能力,即我们通常所说的一般智力;基本人际交往能力,它是口头交际能力必需的组成成分,也是影响语言能力中社会语言技巧的因素。卡明斯认为,这两种能力互相独立,在母语和韩语学习过程中都起作用。卡明斯这一观点的理论意义是,如果在自然环境下学习韩语,智力将不是一个决定性的因素;但如果韩语教学主要是在课堂中进行并侧重于语言形式教学时,智力将扮演一个重要的角色,是一个很有用的预测因素。

智力因素对韩语习得的影响程度目前还未有定论。我们认为,智力因素本身就是一个非常难以界定的概念,对智力因素包括哪些内容、如何起作用等都有争论。智力因素与年龄有关,即与大脑的发育成长有关,也与环境因素有关,它对语言习得过程的影响是很复杂的。从已有的一些研究结果来看,年龄越小,智力因素的影响越小;学习环境越正式,越需要综合分析的能力和技巧,智力因素的影响越大,反之亦然。

智力因素的讨论对韩语教学的启发是不同智力程度的学习者如果采用不同的

学习方法或对他们实施不同的教学方法，其学习效果可能会更好；侧重点为语言交际的韩语教学活动对智力一般的学习者更为有效；侧重点为语言形式分析和记忆的韩语教学活动可能更有利于智力较高的学习者。

三、韩语学习主体语言潜能

语言潜能指的是学习者所具有的某种能力倾向。它可以分为三个方面：语音能力，指识别语音成分并将其储入大脑的能力；语法能力，指识别语言中语法结构的能力，这一能力并不是指语言学习者掌握语法术语的能力，而是在学习语法或组词造句时所表现出的一种潜在能力；推理能力，这种能力指语言学习者分析语言素材并由此确定意义与语法形式之间关系的能力。

20世纪60年代，随着乔姆斯基（Chomsky）的"语言能力"一说在语言界和外语教学界的争论，人们对语言潜能又有了新的认识。乔姆斯基认为，语言能力是一种天赋。语言能力体现为人类婴儿在接受了一定的语言素材后便可以自动发展成某一特定语言的语言规则，从而创造性地使用该语言。对乔姆斯基来说，语言能力就是一种语法能力，是一种普遍语法。与乔姆斯基的语言能力相对，社会语言学家海姆斯（Hymes）提出了"交际能力"的概念。所谓交际能力是语言使用者根据社会情境因素恰当地运用语言规则的能力。这就扩大了语言和语言使用能力的内涵意义，涉及语言使用者语言之外的知识。

在研究学习者语言能力时有两个问题应该引起我们的重视：第一，母语的习得似乎与一个人后来表现出来的智力倾向不是十分有关，即智力表现一般的人也能较完美地掌握和使用母语。但是，韩语学习的成败却与学习者潜在的语言能力和其他智力倾向有密切关系，这是否意味着母语和韩语的习得遵循的是完全不同的规律？第二，语言交际能力和语言知识不一定呈平行发展的趋势，这是否意味着语言能力和交际能力属于两种不同的能力，具有不同的生理和认知基础？

从语言知识角度来看，婴儿学习母语是一个从无到有的过程，而韩语学习则是在已经具备了一套具体语言规则的基础上进行的，这些已有的语言规则不可避免地将成为学习韩语的参照系，原有的语言知识也必然会发生迁移。

从交际能力的角度来看，婴儿学习母语是一个社会化的过程，是一个确定自己社会角色、接受社会规约和文化价值的过程；而对韩语学习者来说，他们的社会身份已经确定,语言中的指示转移原则已经掌握,韩语交际涉及跨文化的问题,语言规则和交际准则的矛盾凸显了出来。

从认知能力角度来看,婴儿学习母语的过程是一个学会用母语来认识周围世界、判断事物的过程,是一个学会用语言进行思考的过程;而对韩语学习者来说,他们已经完成了依靠语言社会化的过程,认识基础发生了变化。另外,母语学习往往是在一个自然的环境中进行的,语言的学习往往是一种无意识的认知活动。研究表明,大多数韩语学习者在学习过程中都会自觉或不自觉地利用四种原有的知识:关于人类语言和语言交际本质的一般知识;母语结构的特殊知识或其他所知语言的知识;目的语的知识;各种非语言知识。显然,这种认知活动在母语学习过程中是不存在的。

对语言潜能的研究主要是想证明人们关于个人语言学习能力有差异这一看法。然而,除了学习语言所必需的听说能力外,对语言学习潜能与一般智力到底是一种什么样的关系,语言学习能力的组成成分是什么,它与绘画、音乐方面的天赋是否一样,性别在语言潜能上是否有差异等问题,至今人们还无法达成一致的认识。我们倾向于认为,除了天生的语言听说能力外,韩语学习潜能与人的一般智力水平有极大的关系,同时也与一般的认知风格和学习策略有关。语言学习潜能说到底其实就是对语言特征的敏感性。它与环境和学习者的兴趣等还有一定关系。韩语学习潜能对韩语习得的影响主要体现在速度方面,且有一定的限度,因为不同能力类型的学习者可利用某一方面的优势来弥补另一方面的不足。正因为韩语学习与母语学习相比具有一种完全不同的认知基础,因此,韩语教学大纲的制定和教材的编写就应该充分考虑到这种新的认知基础,鼓励学习者更好地利用其原有的知识,运用其已经得到充分发展的分析和归纳的能力。同时,在韩语词汇教学中,应该注意到学习者母语词汇系统与新的词汇系统之间的差异,培养学习者对文化差异的敏感性。另外,在语言使用规则的教学中,应该更加注意交际能力中文化因素的作用,从而使学习者的韩语知识和韩语交际能力能够得到同步发展。

四、韩语学习主体认知风格

认知风格主要指人们接受、组织和检索信息的不同方式。研究者把认知风格分为两种类型，即场依赖型风格和场独立型风格。场依赖型风格的特点是依靠外部参照系处理有关信息；倾向于从整体上认知事物；往往缺乏主见；社会敏感性强，易与他人进行交际。场独立型风格学习者的特点是以自我为参照系；倾向于分析；具有独立性；社会交往能力相对较弱。

研究者发现，场独立型学习者倾向于在模仿句子时省略小项目，保留整个短语，而场依赖型学习者正好相反。场依赖型学习者在自然环境下学习韩语更易成功，而在课堂教学环境中场独立型学习者可能更占优势。但是有关这方面的研究目前还缺少实验的证据。作为教师，如果能充分了解不同学习者的不同认知风格，针对性地制定和营造不同的学习任务、不同的学习环境，注意发挥其特长，并能相应地对学生的学习策略和认知风格加以引导，将对促进学习者韩语习得起到积极的作用。

五、韩语学习主体情感因素

从教育心理学的角度看，学习过程中影响学习效果的最大因素之一是学习者的情感。情感因素也是韩语学习区别于婴儿学习母语的一个重要方面。一般来说，婴儿学习母语是一个自然的社会过程，学习语言是学习一种表达情感的方法，而韩语学习则涉及角色转换等诸多的社会心理因素，有时甚至涉及个人尊严、伦理道德等方面的问题，影响韩语学习的主要情感因素是动机和态度、个性特征。

（一）动机和态度

动机就是对某种活动有明确的目的性，并为达到该目的要作出一定的努力。态度应该包括：认知成分，即对某一目标的信念；情感成分，即对某一目标的好恶程度；意动成分，即对某一目标的行动意向及实际行动。显而易见，态度作为一种情感因素，它对某一目标的具体实施和最终达到的成功程度是极为重要的。

斯特恩区分了外语学习中的三种基本态度：对目的语语言社团和说目的语者的态度；对学习该语言的态度；对语言和语言学习的一般态度。

态度与动机密切相关。如果学习者对某一门外语抱有好感、对该外语的结构和表达法感到新奇，那么对他们来说学习该门外语是一个不断发现新鲜事物的过程，学习对他们来说就是一种乐趣；相反，把外语想象得过难，或觉得用外语表达别扭，那么学习的效果无疑会受到影响。学习者对学习材料是否有兴趣、对教学活动的组织形式是否有兴趣，这些都会影响学习者的情绪和学习效果。另外，教师的个性也是学生改变对外语学习态度的一个重要因素。教师的热情、耐心、博学多才会对学生产生积极的影响。态度对外语学习过程的影响主要通过动机表现出来。总的来说，态度影响和决定动机，当然，有时特殊的动机也会反过来作用于态度。

布朗（Brown）区分出以下三种不同的外语学习动机：整体动机，指对外语习得的一般态度；情境动机，指在自然习得情况下学习者的动机不同于课堂学习者的动机；任务动机，指对具体任务的动机。另一种著名的对外语学习动机的分类是加德纳（Gardner）和兰伯特（Lambert）的"综合型动机"和"工具型动机"。前者指学习者对目的语社团有特殊兴趣，期望参与或融入该社团的社会生活；后者指学习者为了某一特殊目的，如通过某一考试、获得某一职位等，而进行的学习。

目前，对学习者动机和态度与外语习得之间关系的研究达成的共识包括：动机和态度是决定不同学习者取得不同程度成功的主要因素；动机和态度的作用与能力的作用不是一回事。最成功的学习者是既有才华又有强烈学习动机的；有些情况下，综合型动机有助于学习者成功掌握外语，有些情况下，工具型动机也能对外语学习者产生帮助，有时两种动机同时起作用；动机的类型与社会环境有关；动机和态度主要影响外语习得的速度，对习得的程序并无影响。

随着改革开放的不断深入，我国对外族文化的态度有所转变。高校入学考试对韩语要求的逐步提高，调动了学生学习韩语的积极性。随之而来的"出国潮"更是将全国范围内，尤其是大中城市的"韩语热"推向了高潮。从韩语学习的动机类型来看，我国绝大多数学习者持工具型动机，而且，由于我国特殊的教育体制，课堂教学中学生的任务动机以及由成功而转化的学习动机对韩语习得更具作用和意义。

（二）个性特征

心理学上区分的"外向型"和"内向型"两种不同的性格对韩语习得会产生影响。研究发现，外向型性格学习者的健谈和善于反应有利于其获得更多的语言输入和实践的机会，但他们往往不是十分注重语言的形式；而内向型的学习者可能更善于利用其沉稳的性格对有限的输入进行更深入、细致的形式分析，尤其在注重语言形式和语言规则教学的课堂教学环境下占有优势。教师对不同性格的学生学习可采取的方法有两种：一种是顺其自然，针对不同的学习任务在不同的场合注意发挥各自的长处；另一种是通过某些手段，促使不同性格的学生向相反方向作出转变，以适应各种不同的学习环境和任务。

以上简要讨论了影响韩语习得的学习者个人因素。国外有些研究者根据这些个人因素对影响韩语习得过程的方式和程度，通过实验和对比，描述了"理想的韩语学习者"的一些基本特征，虽然不全面或确切，但对我们或许有些启发。这些特征是能够适应学习环境中的团体压力，克服焦虑和干扰因素；寻找各种机会使用目的语；利用所提供的机会练习倾听针对自身输出的目的语并作出反应，即注意意义而非形式；通过学习技巧来补充与目的语社团成员直接交往的不足；至少在语法学习的初始阶段，是少年或成年人而非小孩；具备足够的分析技巧以接受、区分和储存韩语的特征，并监测错误；具备学习韩语的强烈"整体动机"，并具有强烈的"任务动机"；愿意冒险，勇于实践；能够适应不同的学习环境。

第三节　韩语学习过程研究

在韩语学习过程中，有一些影响韩语习得的因素。这里主要讨论原有知识和中介语这两个因素。

一、原有知识

原有知识一般包括三种：母语知识、对于语言的一般知识和世界知识。

20世纪五六十年代，行为主义语言学理论占主导地位，部分研究者通过对比分析认为，母语知识负迁移是构成韩语学习困难的唯一原因，只要通过母语与外语异同的对比即可预测学习者学习困难所在。后来人们发现事实并非如此。一些研究者在研究了不同母语背景下学习者的韩语习得过程后得出结论：无论是哪一种母语背景，学习者在习得某一外语时，习得过程都是一致的。对于这一结论，很多学者持怀疑的态度：一是受试对象是在自然的目的语习得环境中学习外语的，母语知识的迁移相对来说受到限制；二是习得顺序的研究主要源于对某些数量有限的语素和句法结构的观察；三是把这些语素和句法结构的使用频率和准确性作为已习得的标准，缺乏心理学上的支持；四是错误分析和对比分析中同样还存在着忽视词汇、语义和语用方面内容的倾向。

语言作为一种认识世界的工具，某一语言中的词汇结构体系和语义结构体系反映了该语言社团认知世界的方法，对于已掌握了某一语言的基本词汇和基本语义结构的韩语学习者来说，其韩语词汇和语义结构的学习必然会受到母语词汇和语义知识的影响。另外，不同民族有着不同的交际方式和话语结构，母语中已有的这方面知识必然会以种种方式在不同场合、不同程度地影响新的交际方式和话语结构的习得，而且母语与目的语之间的距离与这种知识迁移有很大关系。研究发现，母语为汉语的学生在学习韩语时所犯错误的51%来自母语干扰；而母语为西班牙语的学习者在学习韩语时所犯的错误只有3%来自母语干扰。可见，如何利用学生的母语知识，促进正迁移，减少负迁移，是值得韩语教师认真研究的课题。

二、中介语

中介语是近年来韩语学习理论中出现的一个新概念。与中介语相近的概念最早出现在1967年科德（Corder）的《学习者错误之重要意义》一文中。在这篇论文中，科德把学习者尚未达到目的语语言能力的外语能力称为"过渡能力"。对中介语的研究可以使我们了解学习者处于哪个学习阶段，了解学习者采用的是哪些学习者策略。这对认识韩语学习的过程特点，对设计教学计划和教学方法等具有十分重要的意义。

人类学习任何知识都试图在所接触的事物中发现秩序、寻找规律。人的大脑在吸收了新的信息后，原有的知识系统必然发生重组。学习韩语与学习其他任何知识一样，整个过程是一个寻求规律、发现规律，并对原有系统进行重组的过程。重组过程中，某种知识发展成为一种技巧，又逐渐成为一种常规。通过实践，技巧和常规形成了一种自动过程，成为一种能力。

语言实践产生了两种不同的结果：一种是技巧更加完善，趋于自动化；另一种是原有系统重组，学习者重新组织其知识系统的内部框架。这一重组过程可能呈"U"形发展轨迹，在内部系统发展变化时可能呈下降趋势，但技巧渐趋成熟后会重新上升。

外语学习过程不需要有悖于普遍语法知识的认知手段参与，学习者的原有知识和其他知识只会影响正常的习得过程。这实际上是把外语学习者和外语学习环境过分理想化了。外语学习者除非是年龄很小的儿童，或是文盲，对已有的语言知识没有任何明确的意识程度，否则其原有的语言知识和认知习惯必然会对外语习得过程产生影响。这也就是中介语为何有如此大差异的原因所在。

韩语习得过程是一个极为复杂的心理过程。学习者的原有知识，不仅是一般的语言知识，还包括具体的母语知识以及其他世界知识，这些都会对目的语的学习过程产生影响。从人类记忆、储存知识的方式来看，一方面新的知识在被吸收时要受到原有知识结构的限制；另一方面新的语言知识一旦成为原有知识结构的一部分，就必然引起原有知识结构的重组，并影响今后其他新的语言知识的学习。那么，母语知识系统与外语知识系统是否形成了两个语义中心？脑科学最新研究成果表明，人脑中只有一个语义中心，这一语义中心的存在是以母语知识为首的，外语学习过程主要不是建立新的语义信息中心，而是建立一种新的语言形式与语义之间产生联系，从这个意义上来讲，母语与外语是对应于同一语义系统的两个不同规则系统。

我们对中介语的研究为进一步了解外语学习的特点提供了新的视角，但中介语的研究还有很多问题。它的问题主要反映在以下几个方面：研究限于词素、句法方面，对语义和语用知识习得研究不够；根据词素研究来确定语言习得的顺序并不科学，因为将学习者使用某一词素的准确性作为习得的标准并没有心理学证据作为支持；忽视学习者学习外语的自我标准。

第四节　韩语学习者策略研究

开学习者策略研究之先河的当数卡尔顿（Carton）。1966年，在卡尔顿发表的《外语学习中的推理法》一文中，首次提到了不同的外语学习者运用不同推理方法学习外语。

1971年，卡尔顿又发表了一篇论文，详细讨论了外语学习者推理策略。卡尔顿区分了三种不同类型的学习者推理策略：语内线索推理，即利用对目的语已有的知识进行推理；语际线索推理，即利用其他语言的知识进行推理；线索推理，即学习者利用对真实世界的知识进行推理。卡尔顿指出，语言学习过程就像一个解决问题的过程，学习者个人的经验和知识在语言处理过程中起着决定性的作用。

1971年，受卡尔顿学习理论及研究成果的启发，鲁宾（Rubin）着手研究成功的外语学习者的学习策略。1975年，鲁宾发表了研究成果，她发现，成功的外语学习者在心理特征和学习方法上有着许多惊人的相似之处，其中包括：心理特征，如冒险心理、对歧义和模糊的容忍等；交际策略，如迂回表达、运用副语言手段等；社交策略，如寻找交流和实践的机会；认知策略，如语义猜测、推理及对语言形式进行分析、归类、综合和监控等。

后来鲁宾又提出划分外语学习者策略类别的标准：对外语学习者发生作用的直接程度。按照这一标准，鲁宾把学习者策略分成两个大类：一是直接影响外语学习的学习过程，如解释和证实、监控、记忆、演绎、概括和实践等；二是间接影响外语学习的学习过程，如创造实践和使用交际技巧的机会等。

1975年，奈曼（Naiman）等人根据斯特恩提出的外语学习者必需的十大学习策略，对外语学习者的个人性格、认知风格和策略进行了研究。根据被调查者的问卷答案和建议，奈曼对斯特恩提出的十大策略进行了修正，列出了成功的外语学习者所采用的五大策略：通过寻找和利用有利的学习环境积极参与语言学习过程；建立语言作为一个形式系统的意识；建立语言作为一种交际和交往手段的意识；接受并妥善处理外语学习过程中的情感需求；通过推理和监控，扩充和修正自己的外语系统。

1987年，温登（Wenden）和鲁宾编辑出版了《第二语言学习的学习者策略》论文集。内容涉及学习者策略研究的历史分类和方法、学习者策略的具体研究、如何训练学习者的学习策略等，由此可以看出人们对学习主体研究的发展趋势。

从众多有关学习者策略的理论研究中不难发现，在整个韩语学习过程中，学习者是一个积极主动的参与者，是韩语学习的主体。在接受语言输入时，其进行分析处理并从中悟出规则、加以吸收。在语言输出时，在对语言行为进行自我监控等一系列过程中，学习者始终处于一个活跃的状态。因此，对学习者策略的研究不但可以充实应用语言学理论，对实际的韩语教学和学习者的学习过程起到启发和指导作用，而且对研究人类学习语言以及其他知识时的认知方法具有积极意义。

一、学习者策略的定义

根据奥·玛利（O'Malley）等的定义，学习者策略指学习者为有效地获取、储存、检索和使用信息所采用的各种计划、行为、步骤、程式等，即为学习和调节学习所采取的各种措施。

根据费尔格（Faerch）和卡斯珀（Kasper）等的见解，学习者的外语知识可以分为两种类型，即陈述知识和程序知识。陈述知识指"内容知识"，由内化的外语规则和记熟的语言板块构成；程序知识指"方法知识"，由学习者用来处理外语语料而采用的各种策略和程序组成。程序知识又可进一步分为社交行为策略和认知行为策略。认知策略包括使新的外语知识内化和自动化，以及利用外语知识和其他知识进行交际时所涉及的各种心理过程。这些过程既包含外语的学习，又包含外语的使用。学习过程说明了学习者如何通过对输入的注意和对现有知识进行简化而积累的新的外语规则，并使现有知识渐趋自动化。

二、学习者策略的分类

根据鲁宾提出的学习者策略是否对学习过程产生直接影响这一标准，学习者策略可以分为学习策略、交际策略和社交策略。

（一）学习策略

学习策略是学习者策略中的重要组成部分。根据近年来学者对学习策略的研究，人们发现有必要区分两种不同性质的学习策略。一是认知学习策略，二是元认知策略或称协调策略。所谓"元认知"就是有关认知过程的知识和通过计划、监控和评估等方法对认知过程的调整或自我控制；而所谓的"认知"就是学习者赖以获得知识和概念的大脑活动的过程和策略。

在学习者学习策略内，鲁宾列出了六种对外语学习有直接影响的一般性策略。

第一，求解和证实，指学习者用来证实他们对新语言知识理解的策略，如要求对方举例说明某一词语或短语的用法、重复某一词语以证实理解的准确性等；

第二，猜测和概括式推理，指学习者利用原先获得的语言或概念知识来获得对语言形式、语义或说话者意图的明确假设，如通过关键词、关键结构、图表和上下文等猜测词义，通过有关交际过程的知识，如通过说话者或者听话者、交际场所、话题、语域猜测词义等；

第三，演绎推理，指学习者寻求和利用一般性规则来学习外语的一种解决问题的策略，如比较母语与外语的异同、寻找共同规则等；

第四，实践，指学习者对帮助记忆和检索语言使用规则的练习，如重复某一句子直到熟练、仔细听讲并认真模仿等；

第五，记忆，指与实践相似但重点在于记忆和检索的过程，如做笔记、大声朗读、复习某一个语言项目等；

第六，监控，指学习者发现（语言和交际方面的）错误，并观察某一信息如何被听话者接受和理解并作出相应反应的策略，如纠正自己在语音、词汇、拼写、语法和风格方面的错误等。

元认知策略用于监督、调节和自我控制语言学习行为，如计划策略中就包括自我调节、预先准备、预先组织、选择注意目标、减缓输出等。以上策略会对语言学习过程产生直接影响。

（二）交际策略和社交策略

交际策略的重点在于参与某一项言语交流活动，以表达某一意义或理解说话者意图等。从学习过程来看，交际策略非常重要，因为借助交际策略，学习者才能保持交际渠道的畅通，常见的交际策略包括迂回表达、运用同义或同源词、使用交际套语、利用交际环境阐释要表达的意义等。

社交策略指学习者为创造巩固所学知识和获得语言输入而参加的各种交际活动，这些活动本身并不对学习过程产生影响，它们仅仅给学习者提供实践的环境和机会。这种分类方式的优点是直接、明了、概括性强，缺点是无法区分输入和输出策略，交际策略和社交策略中间还缺少协调策略的成分，出现了分类标准不一致的情况。

对于学习者策略的研究，从鲁宾等人开始，主要是对成功的外语学习者的学习行为进行观察和调查的。后来，研究者的研究对象是各种各样的外语学习者，研究方法包括提问、问卷调查、阅读学习者学习日记等；也有的研究者采用"内省"的方法，研究本人或他人在完成外语学习任务时所采取的学习者策略。

三、韩语学习者策略与韩语教学的关系

21世纪以来，学者对韩语教学理论的研究受各种语言学理论和心理学理论的影响颇大，研究的重点主要还是在教学过程、教学环境和教学方法上，这在很大程度上忽视了韩语学习主体——韩语学习者本人在韩语学习过程中的主观能动作用。乔姆斯基提出语言能力，研究的重点是这一能力的先天性，忽视了学习主体的认知能力在后天语言环境中的积极主动作用；海姆斯提出交际能力，研究的重点是交际能力的内涵和与此相关的社会因素，对学习者如何在社会交往中获得这种能力并利用这种能力获得更多的语言知识缺少研究。

韩语教学理论研究实际上应该始终把对韩语学习主体的研究摆在重要位置，研究其生理、心理、认知和社会特征对韩语学习可能带来的各种影响，并在教学实践中正确处理教与学的关系。

众所周知，语言学习是一个十分复杂的社会活动和心理活动。认知心理学认为，新信息的接受一般要经过四个阶段。

第一，选择，学习者选择环境中感兴趣的特定信息，并将此储入工作大脑，形成短时记忆。

第二，习得，学习者积极地将短时记忆中的信息转化为长期的记忆。

第三，建构，学习者努力在存于短时记忆中的信息间建立起一种联系，此时大脑长期记忆中的有关信息，可以被用来帮助理解和巩固新获得的信息，并提供组织新信息的框架。

第四，综合，学习者在长期记忆中寻找信息，并将此转化为短时记忆。

选择和习得决定学习的数量，而建构和综合决定学习的内容和组织方式。

韩语学习过程实际上也是一种新信息的摄入和组织过程。学习者原有的知识显然会对新知识的吸收产生影响，因而产生一系列的重组。学习者选择、习得、建构和综合新的语言知识的过程，实际上就是一个运用认知学习策略的过程。韩语学习者策略研究，对韩语教学大纲的制定、教学原则的确定都有一定的启发意义。语言是形式系统，是交际工具。因此，制定韩语教学大纲应贯彻系统原则和交际原则；同时，考虑到语言学习中的情感、认知和文化因素，我们又必须坚持情感原则、认知原则和文化原则。韩语教材的编写、练习的设计，除了应贯彻以上五大原则外，还应注意学习者的记忆特点以及教材和练习的趣味性和科学性。

学习者策略研究对韩语教学的启发是一个积极的过程。学生的原有知识和现有韩语知识对任何一个阶段的韩语习得均有很重要的影响。教师要善于引导学生充分利用原有和现有的知识来获取新知识和巩固现有知识；教师可以对学生的学习策略因势利导，学习策略与语言学习能力有关，充分利用学习策略能提高学生的语言学习能力；交际策略属于人类一般交际能力的一部分，过多地利用交际策略会在某些场合影响交际的正常进行，同时也会影响新的韩语知识学习。因此，韩语教师应在对学习者交际策略进行充分研究的基础上，帮助学生正确、恰当地使用交际策略。

在我国，韩语教学理论研究还处在引进和借鉴阶段，缺乏本土的韩语教学理论体系。传统的翻译法和后来流行一时的以结构主义语言理论为基础的情境法和直接法等，实际上是把学生作为语言知识的被动接受者和受"刺激—反应"支配的语言习惯承受者。教学方法相对比较呆板，课堂教学乏味，对学生的不同社会背景和个人认知特点缺乏关注，导致韩语教学呈现两极分化的局面，一部分学生缺乏对韩语学习的兴趣，另一部分学生能够认真学习并成功掌握。我们应该系统地研究一下这些成功者是如何取得成功的，研究一下他们的学习方法。另外，我国学术界的老前辈留下了很多年少时学习韩语的珍贵经验，我们也应该认真加以整理、发掘，从而建立起自己的韩语教学理论。

以上我们从学习者的生理和认知因素、情感因素、学习过程等角度，论述了韩语学习主体研究的一些重要研究成果和发展趋向。从实际的韩语教学来看，对学习主体的研究可以使韩语教师更好地了解学习主体，从而设计出更好的韩语教学方法，编制出更适合学习主体需要的教材。

第三章 高校韩语教学的发展

本章主要论述高校韩语教学的发展，分别介绍了四个方面的内容：跨文化交际背景下韩语教学的发展、多模态视域下韩语教学的发展、基于生态化的韩语教学发展、依托现代教育技术的韩语教学发展。

第一节 跨文化交际背景下韩语教学的发展

"作为一门语言教育，在高校韩语教学中需遵循育人规律，其中为学生创设良好的跨文化学习环境尤为重要。"[①]

一、中韩两国的文化差异

（一）中韩两国的风俗文化差异

从风俗文化的角度而言，中韩两国都有自己较为看重的风俗文化，但若是仔细对比还是能够看出明显的不同，尤其是从以下几个方面可以看出韩国在风俗方面的要求明显比中国要严苛得多。

第一，问候方式。在韩国，人们喜欢在初次见面时就问一些比较私人化的问题，虽然在他们看来这是对对方表示关心，但常常会引起误解。在称呼上韩国人会采用敬辞以显示尊重，并且常常在称呼时附加鞠躬以示尊敬。在中国，初次见面就问私人问题通常是不合适的。称呼上，中国人在正式场合经常是在职务前冠以姓氏以表示尊敬，非正式场合则需要依据双方的亲密程度来选取适当的称呼。

第二，饮食方式。韩国人擅长做料理，喜欢腌制泡菜，多食用汤饭，因此勺子的使用率较高，在烹饪手法上以烤为主。而中国的菜系众多，光是烹饪手法就

---

① 姜健，冯雨婷，李妍妍，等.高校韩语教学中学生跨文化交际能力的培养[J].西部素质教育，2023，9（6）：73-76.

有很多种，且与韩国人不同的是，中国人很擅长烹炒，吃饭多使用筷子。

第三，颜色。不同的颜色在中韩两国代表着不同的意义。就白色而言，韩国人认为白色是纯洁的象征，人们身穿白色就代表着高贵典雅。但是中国人却认为白色在某些情况下带有些许不祥之意，一般是葬礼的主要色调。就红色而言，韩国人认为红色太过浓烈，常与鬼神一起出现，用以驱邪。而在中国，红色代表着热烈的情感，显示出中国的热情，是吉祥之色。

第四，数字。中韩两国在数字的认知上既有相似之处也有不同之处。相似之处表现在，无论是中国还是韩国，人们都认为数字"4"是不吉利的，因其与"死"的发音相似，所以对此多有避讳。不同之处表现在，韩国人认为数字"3"是活力的象征，意味着希望和繁荣，因此对"3"十分喜爱；而中国则对数字"6"和"8"有不一样的喜爱，在他们看来，这两个数字象征着"顺"和"发"，是吉利的代表。

第五，送礼方式。韩国人赠礼以生活用品和食物为主，一般喜欢赠送卫生纸和糯米糕，因为这两种物品的谐音分别与韩语"解决"和"通过"的发音相似，有一种讨彩头的意味。而在中国，礼物选择范围就要广泛很多了，一般按照实际情况选择合适的礼物。

（二）中韩两国教学文化差异

在教学文化方面，中国与韩国也有差别。从教学方式上来看，韩国主张民主的教学方式，学生在学习过程中比较自由，可以充分发挥自己的想象力与创造力，可以在学习中提出自己的想法。在韩国教学中，教师和学生之间的互动性较强，双方能保持十分密切的沟通，并且在课堂中，师生共同设计的项目是十分常见的教学活动方式，他们这样做的目的是让学生提高自我思考与自主探究的能力。从课程设置上来看，韩国的教学比较注重动手能力，会设置一些生活实践课，要求学生学习一些实用的生活常识与技能。从教学模式上来看，韩国的教学所采用的教学模式与本国的时代要求相贴合，能够顺应社会发展的趋势，教学模式具有时代性；除此之外，韩国人对礼仪可谓十分重视，在课程设置中，会专门设置礼仪课。中国与之相比，也有本国的特色，并且取得了显著成效。中国主张素质教育，重视对学生品德、智力、身体、审美、行动等方面的综合培养，以实现学生的全面发展；中国注重均衡的课堂设置，不仅重视基础知识、基础能力的教授和培养，辅助型课程设置占比也不小。

二、跨文化交际背景下韩语教学的意义与原则

（一）韩国文化对韩语教学的意义

1. 有助于减少沟通交流误会

语言是人类交往的工具，学习语言的目的在于沟通交流。韩国文化虽然受到中国文化的影响，但是两国在漫长的历史长河中孕育出不同的风土人情、语言习惯和思维方式等，极有可能使双方在沟通交流时出现一些误会，所以在韩语教学中要渗透韩国文化，使学生能够更好地了解韩国文化，进而在学习韩语时能取得更大的进步，避免在日后的实际交流中出现误会。例如，韩国人在初次见面时会询问对方的年龄以决定使用什么样的敬语，而在中国文化中询问对方年龄是不太礼貌的行为，这样就容易在交流中产生误会。[1]

2. 有助于准确领会语义语境

像汉语一样，韩语在表达的过程中也非常讲究语义和语境，例如，汉语中的"方便"一词，在不同的场合有不同的意思，如果不了解中国文化，就会在交流中产生困惑。同样的道理，在韩语的教学和学习中，如果只是单纯地理解字面意思，不了解文字背后的文化背景，很有可能在正常的交流中产生不良影响，甚至造成麻烦。例如，韩语在表达"你什么时候搬家"时所使用的词汇的表面意思是"什么时候送你面巾纸和洗涤剂"，"面巾纸"和"洗涤剂"在韩国文化中都是对美好生活的祝愿，如果对韩国文化没有了解，就难以理解其中的意思。所以，在韩语教学中教师要对韩国文化进行渗透，以帮助学生准确地理解词汇的语义，在正确的语境中进行学习和交流。

3. 有助于激发韩语学习兴趣

任何语言的学习都要有学习的兴趣，如果在韩语教学中教师只是一味地讲解语法和词汇，将很难激发学生的学习兴趣。一种语言的形成必然是和其文化联系在一起的，脱离了文化的语言就像是无根的浮萍，很难有生命力，最终会被淹没在历史的长河里。语言教学也是一样，没有文化的语言教学很难焕发活力，而没有活力的语言教学是很难吸引学生关注的，长久下去，学生的学习兴趣将受到打

---

[1] 武丽云，王玉华. 基于 OBE 框架下的韩语教学策略：评《高校韩语教学模式构建与创新》[J]. 应用化工，2023，52（9）：2758.

击。在韩语教学中融入韩国文化,将抽象的语言学习变得形象立体,可以使学生更好地了解韩语,有利于提高学生学习韩语的兴趣,进而提高学生的韩语交际能力。

4. 有助于实现培养目标转型

随着中韩之间的交流不断加强,我国对于复合型人才的需求也不断增加,所以在韩语教学中要改变过去培养技能型人才的模式,加强对复合型人才的培养。复合型的韩语人才不仅需要有扎实的韩语基础知识、强大的语言表达能力,更需要对韩国文化有深刻的理解和研究。所以在高校的韩语教学中,教师要及时更新教学方式、大胆革新,在韩语教学中积极进行文化的渗透,不断拓展学生的韩语知识和文化知识,在此基础上不断提高学生的韩语综合运用能力,切实实现韩语教学培养目标的转型,为社会提供合格的专业人才,促进中韩两国之间的友好往来。

5. 有助于提高学生的学习效率

在韩语教学中,学习理论知识就要了解韩国的文化背景,而最有效的方式就是通过文化教学,将文化纳入知识的传授之中,以具体的例子帮助学生加深对韩语知识的理解,使原本枯燥无味的理论教学变得丰富多彩,从而激发学生学习的热情,使其在学习中变被动为主动。由此可见,将韩国文化渗透到韩语教学中,对于提高学生的学习效率发挥着重要作用。

6. 有助于提升韩语的应用能力

显而易见,提升韩语的应用能力是开展韩语教学的最终目的。在韩语教学中纳入韩国文化,对于提升学生的韩语应用能力十分有用。因为中韩两国有着差异明显的文化背景,社会历史的变迁也会对本国的语言环境产生一定的影响,给学生的语言学习带来一定的阻碍。要消除这种差异的最好方式就是帮助学生充分了解两国的文化与社会背景,从而形成对文化的认知,进而帮助他们完成语言的学习。因此,将韩国文化融入韩语教学十分关键。如果学生了解了韩国文化,就会明白韩语应当在何种语境下应用,避免交流中产生冲突,形成两国之间的友好互动,促进两国之间的深度合作。所以,在韩语教学中恰当运用韩国文化,对于提升学生应用韩语的能力有积极意义。

(二)跨文化交际背景下韩语教学的原则

1. 认知原则

认知原则要求教师在跨文化交际背景之下进行韩语教学时,要引导学生对韩国文化与韩国社会有充分的了解，这样才能帮助学生在学习中顺利应用韩语。与此同时，韩语教学还要注重培养学生对环境的观察能力，能够在跨文化的交际背景下形成良好的文化鉴别能力，提升自己的文化素养，并形成正确的有关语言文化的认知。

在教授韩语的过程中，最重要的就是要培养学生的韩语应用能力，因此在韩语教学中，教师要采取恰当的教学手段引导学生了解韩国的语言习惯，最有效的方式就是借助文学作品，让学生加深对韩国文化的了解，从而在熟悉韩国社会特点的基础上，深入地学习韩语。

总之，在跨文化背景下进行韩语教学，提高对目标文化的认知是首要原则，只有掌握了韩国的文化风格与语言习惯，才能更好地开展韩语教学。

2. 文化平等原则

由于各个国家的历史发展背景不同，因而会形成各种风格和形式的文化，在文化价值观上也会有明显不同，但这并不代表文化有优劣之分，人们在进行文化交流之前，首先要明确的就是无论是何种类型的文化，其在地位上都是平等的，都应该受到平等的对待。树立文化平等意识对于文化的交流与形成良好的文化互动都有十分重要的意义，这一点在跨文化交际环境下尤为关键。

在跨文化交际背景下所进行的文化交流、树立平等的意识并坚持文化之间的平等与尊重是学习目的语文化的前提与基础。这要求在韩语教学中，教师要对中韩文化各自具有的优势有清晰的认知，要学习文化中的优秀部分，秉持着平等的态度去看待韩语文化，坚持文化导入的平等性。同时，教师要用平等的心态去看待中韩文化之间的异同，要认识到他国文化的优点，要借鉴和吸收他国文化中的有益部分为本民族文化增添新的内容。学生要以平等的态度去审视韩国文化，不对其优劣做评价，而要吸收其精华部分来提升自己，树立文化自信。

3. 理论与实践相结合原则

教学中如果只注重理论而忽视实践，教学效果就会大打折扣；如果只注重实践而忽视理论，教学活动就会缺乏正确的思想指导。因此，无论是学习何种类型的知识，都必须在教学中注重理论与实践的结合。同样，跨文化交际背景下所进行的韩语教学也应当遵循这一原则，使教学的过程与理论学习的规律相符合，并在文化教学的要求下合理地开展教学活动。

跨文化的韩语教学，一方面要给学生传授理论知识，这些理论知识不仅包括学习韩语必须掌握的基础知识，还包括跨文化知识。基础知识和跨文化知识可以为学生学习韩语奠定坚实的理论基础，帮助其形成完备的知识体系以促进其后续学习。因此，在教学中教师要提升自己的教学素养，进行专业的知识讲授，帮助学生形成完备的知识体系，提升文化教学的效果。另一方面，要加强实践教学。学习好理论知识后，只有深入实践才能将学到的知识进行综合运用。韩语教学的最终目的是让学生在实际的交流环境中熟练地运用韩语。因此，教师不能只传授韩语的基础知识与跨文化知识，还要为学生提供能够运用韩语进行交流与沟通的环境，让学生在现实的语境中掌握运用韩语的技巧，并增强跨文化交际的意识与能力。

总而言之，坚持理论与实践在跨文化韩语教学中的结合，是韩语教学必须坚持的原则之一，只有做好理论教学与实践教学的每一个环节，才能实现跨文化韩语教学的目标。

4. 以理解为目标原则

理解是进行跨文化韩语教学的前提。这意味着一要树立正确的文化意识，意识到本民族文化与目的语文化之间的差异；二要以平等的心态去看待母语文化与目的语文化，采取正确的方式进行跨文化交流。只有在理解的基础之上，才能进行更为深入的文化交流，实现真正的跨文化交际。由此可见，基于跨文化交际背景的韩语教学也要将理解作为开展教学活动的原则。

跨文化韩语教学过程中，坚持以理解为目标的原则要求教师在进行课堂教学时不能一味地采取灌输式的教学方式，也不能僵硬地向学生传授理论知识，而是要引导学生对韩国文化产生的社会背景与韩语的用法及技巧进行深入了解和掌握。

5. 对比性原则

在跨文化交际背景之下，韩语教学应坚持对比性原则。这意味着课堂教学要进行有关文化的教授，教师要采取切实有效的教学方式带领学生去深入认识中韩文化，并分析这两种文化的不同之处，在对比中让学生加深对韩国文化的认识，同时也树立起对本国文化的自信。

韩语教学遵循对比性原则，可以帮助学生了解韩国文化中蕴含的价值观念与风俗习惯与中国有什么差异，以便在文化交流中减少文化冲突。同时，让学生深入理解中韩两国的文化，减少文化歧视的产生，这对语言学习和文化交流大有裨益。

因此，对比性原则在韩语教学中十分关键，它能够帮助学生避免文化中心主义，以平等的心态去看待本民族及其他民族的文化。在韩语的课堂教学中，教师必须扮演好引导者的角色，带领学生去挖掘韩语与汉语用法的不同，使学生了解韩语在语法与词组方面的应用，加深学生对韩语理论知识的学习。总之，对比性原则对于跨文化交际中的语言学习尤为关键，应当成为韩语教学始终坚持的原则之一。

6. 有序性原则

跨文化韩语教学遵循有序性原则，主要体现在两个方面。

第一，从教学内容安排的角度来看，在跨文化背景下进行韩语教学，教学的内容除了要融入跨文化知识外，还要保持教学内容设置的合理性，要从系统化的角度去设计教学的方案，以保证韩语教学的有序进行。

第二，从教学活动安排的角度来看，活动要符合学生的个性与心理特征，各个环节的设计都要遵循一定的步骤，从而保证教学活动能够按部就班地展开。也就是说，有序性既代表着系统性的文化知识体系，也代表着教学从整体上应当符合学生的身心发展规律。

因此，韩语教学中要将跨文化知识的相关内容与韩语相关的知识进行有机融合，使教学内容更有层次性与系统性，以保证文化教学的效果。与此同时，韩语教学在进行文化导入时，还应当充分了解学生现有的知识体系与认知水平，要根据学生的接受程度为学生制定好符合其身心发展的学习计划，以帮助学生提升学习韩语文化与韩语理论知识的能力，并进一步培养学生运用韩语进行文化交流的能力。

7. 适量性原则

在跨文化韩语教学中遵循适量性原则，就是指在进行韩语文化背景知识普及时要注意把握一定的度。这个度的标准就是既能帮助学生完成对韩语文化的认识，又不会浪费太多的教学时间。在韩语教学的课堂上，如果教学的内容建立在了解文化产生的社会背景之上，那就要对此做简单介绍，如果不涉及文化背景，就可以放在课下时间进行普及。总之，课堂教学还是要把握教学的重点和难点。

三、跨文化交际背景下韩语教学的发展策略

（一）提升教师的专业文化素养

在跨文化交际背景下进行韩语教学，对教师的能力与素养有更高的要求。首先，韩语教学的质量高低与教师的专业素养优劣相关。因此，提升教师的专业化教学素养对于提高韩语教学的质量至关重要。其次，教师的专业文化素养提升包括很多方面：一是教师要具备充足的韩语理论知识，二是教师要提升自身的专业化教学能力，三是教师要提升自身的综合素质。这就要求在日常的韩语教学中，教师要多学习有关韩国的文化知识，提升韩语应用能力，以身作则引导学生学好韩语。

（二）采取多种韩语教学模式

在以往的韩语教学中，可采用的教学模式比较单一、缺乏创新性，很难使教学的效果达到最佳，尤其是在跨文化交际的背景之下，提高教学质量就更加困难。基于此，我们需要改变韩语教学的模式，为其增添新的富有活力的内容。

第一，增设韩语文化的课程，要在教学中加入专门的学习韩语文化的课程，引导学生学习韩语文化的理论知识，丰富课堂教学的内容，重视对韩语文化知识的传授。

第二，基于跨文化交际背景展开情境式教学，即为学生创设一个良好的跨文化交流环境，让学生在创设的有韩国特色的环境中感悟韩国文化，更好地提升他们的跨文化交际能力与韩语应用能力。

第三，发挥学校的引领作用，要在校园内积极开展文化交流活动，让学生在活动中认识中韩文化的差异，从而加深其对韩国文化的理解，更好地提升他们学习韩语的兴趣与应用韩语的能力。

（三）合理设置课堂教学内容

目前我国韩语教学活动主要集中在课堂上，因此必须利用好有限的课堂时间，合理设置课堂内容和形式，为学生创设一个良好的学习环境。一方面，要结合教材扩展文化内容。韩语教材是自然科学和人文科学相关知识的有机结合体，也是学生和教师重点研读的素材，韩语教材中有很多篇章都介绍了韩国文化的基本情

况，因此教师要充分利用好韩语教材，深刻挖掘其蕴含的文化内涵，在合适的时机进行文化渗透，并结合自身的了解进行文化知识的扩展和延伸，拓宽学生的知识面。另一方面，要注重中韩文化的对比。只有通过对比才可以发现韩语与汉语之间在形式和内容上存在的差异。教师在进行文化渗透时要做好这两种语言之间的文化对比工作，让学生在了解中韩文化差异的过程中避免汉语文化的干扰，达到良好的学习效果。

（四）培养跨文化交际的意识

1. 联系实际，创设交际情境

在韩语教学中培养学生的跨文化交际意识最关键的是要为学生创设一个真实的语言学习环境。因为只有在真实的交流中，学生才能把握好韩语的语言习惯，了解什么语境下运用怎样的交流技巧，以此提升在不同情境下同他人进行交流的能力。一个良好、和谐的交际环境，可以激发学生学习韩语的热情，提高学生对韩语学习的兴趣，增强学生学习韩语的自信心。基于此，在韩语教学中，教师可以在课堂教学中引入情境教学法，设定一定的情境，帮助学生深入语境之中，锻炼他们实际运用韩语的技巧与能力。与此同时，还可以借助一些先进教学手段，增强课堂教学的趣味，减少课堂教学的枯燥，使语言学习更加生动具体。除此之外，教师还要引导学生在生活中注意运用韩语的情境，让学生能够独立运用韩语进行交流，从而提高他们运用韩语的能力。在这种交际情境中，学生通过全面感知韩国文化，可以在潜移默化中增强跨文化交际的意识。

2. 增加阅读量，培养学生韩语意识

在韩语教学中，教师还可以通过增加学生阅读量的方式，使学生意识到韩语的重要性，并激发学生学习韩语的兴趣。具体而言，教师除了结合教材内容进行阅读讲解和安排韩语阅读任务外，还应该结合学生的实际情况融入一些课外的阅读资料。在课堂上，教师可以将教材中的阅读内容与课外阅读有机结合，不断扩大学生的阅读范围。在课外，教师可以鼓励学生多阅读一些课外资料，从这些不同的阅读材料中感知汉语文化与韩语文化的差异，从而使学生树立跨文化交际意识，这对日后的中韩跨文化交际是有利的。

需要注意的是，教师在学生阅读的过程中应该充分发挥自身的作用。首先，引导学生不能为了完成阅读任务而阅读，而应该深入韩语阅读材料的深处，挖掘

韩语文化在风俗、历史、思维、表达、逻辑等方面的不同，从而使学生真正理解中韩文化之间的差异。其次，鼓励学生将自己阅读的情况与其他同学分享，并针对韩语涉及的一些文化进行分析和探讨。再次，指出韩语阅读的重点和难点，以及学生在日常阅读与表达中容易出现的问题。最后，通过对比的方式来讲解阅读材料中涉及的韩国文化。通过对比，学生可以更加清楚地了解中韩文化的差异。

3. 重视词语教学，引导学生应用

任何语言的学习都会涉及词语的学习。韩语学习也不例外。积累、理解和掌握韩语学习所涉及的词语是每个学生学好韩语的关键，也是学生增强跨文化意识的重要手段。因此，在韩语教学中教师应该意识到词语教学的重要性，并不断对词语的含义、语境、语法等进行讲解，从而使学生能够真正理解词语的含义。同时，教师还应该注重对词语应用的讲解。在讲解词语应用的过程中，教师应讲解与这些词语相关的反义词、近义词、短语等，并将这些词语的常用搭配、固定搭配、句子组合等进行系统讲解，使学生不仅能够理解词语以及相关词汇，还可以将这些词语及相关词汇应用到具体语境中。

教师在讲解这些词汇的过程中，还应该挖掘这些词语的文化内涵，并开展一些实践活动，鼓励学生应用这些词语进行交际。在这一过程中，教师要及时跟踪，了解学生对词语的应用和表达，并针对学生在应用这些词语交际时出现的错误进行分析，激发学生对词语学习和跨文化交际的兴趣，增强他们的跨文化交际意识，使学生在跨文化交际中更具有应用韩语的信心。

4. 充分发掘教材内的文化信息

教材在教学中的作用是毋庸置疑的，教材对韩语跨文化教学而言也是十分重要的。教师要充分利用教材中的内容进行跨文化教学，无论是韩语的表达，还是韩语背后蕴含的文化，都具有一定的规范性和代表性。因此，教师要充分发挥教材的作用，不断挖掘教材中涉及的韩语文化。同时，在讲解这些韩语文化的过程中，应该鼓励学生在日常交际中应用这些文化信息。这样，学生不仅可以学习教材中的内容，还可以对韩语教学中的文化有一定了解，有利于学生了解这些韩语文化应用的具体语境以及应该注意的问题，这对学生跨文化交际意识的增强是有很大帮助的。

5. 利用多媒体教学，传递跨文化信息

在多媒体技术的影响下，韩语教学不断更新传统的教学理念，不断改革传统的教学方式，这对韩语教学的持续发展以及韩语人才的培养都具有重要意义。具体而言，在韩语教学中，教师应该充分利用多媒体技术，将韩语知识和韩语文化融入多媒体课件中，并通过多媒体课件来讲解韩语相关的知识和文化。众所周知，多媒体技术的应用，可以实现文字、图片、音频、视频等的融合。将多媒体技术与韩语教学有机结合，可以更系统、更直观地呈现韩语所蕴含的各种文化。同时，学生可以通过多媒体课件了解韩国的一些社会习俗、历史发展、韩国人的思维方式、思维习惯、表达方式等，这对学生真正了解韩语文化是有利的。可以说，把多媒体技术应用于韩语教学中，具有很多优势，有利于增强学生的跨文化交际意识。

6. 利用影视资料，涉猎跨文化知识

影视资料是通过影视方式来展现一些资料和信息，这种方式具有很强的直观性和带入感。在韩语教学中，为了增强学生的跨文化交际意识，教师可以利用影视资料来传递跨文化的相关知识和信息。众所周知，影视资料可以涉及很多内容，如词语、短语、词语搭配、语法、句子以及口语表达、交际用语、交际环境等。学生可以通过观看影视资料的方式来了解这些知识和信息。

鉴于影视资料的重要性，教师在韩语教学中应该注重对影视资料的利用。因为影视资料与韩语教学的结合具体有以下优势。

第一，影视资料（如韩剧）有利于激发学生学习韩语的兴趣。韩剧具有一定的特色，很多学生都喜欢看韩剧。在观看韩剧的过程中，学生可以从剧中了解韩国当地的风俗习惯、思维方式、语言表达等。这些影视资料有利于学生对韩语学习产生兴趣，有利于学生掌握中韩跨文化交际的表达方式。

第二，使韩语学习材料能够与时俱进。无论是韩语教学中应用到的教材，还是其他语言教学中应用到的教材都有相对滞后性。即使教材也在随着教育改革的发展而不断改革，但是教材的试用、完善以及正式投入使用需要一定时间。在这段时间内，时代是发展的，韩语知识和文化也是发展的。可见，尽管教材也在不断发展和完善，但在时间上是相对滞后的。而影视剧不同，影视剧中往往涉及一些前沿文化，其发展是紧跟时代和社会发展的。同时，影视剧还可以为韩国文化

的传播起到宣传作用。将影视材料融入韩语教学中,有利于韩语知识和文化更贴近韩国生活的实际,从而为学生学习韩国知识和文化提供新的信息,扩宽韩语学习的内容,为更多的人所知。

第三,使学生的好奇心理得到满足。影视中的题材和内容比较贴近韩国人的实际生活。通过观看影视资料,学生可以了解韩国人的现实生活状况,能够更直观地感受韩国人的生活气息,了解韩国人的生活文化,从而满足学生的好奇心理。

综上所述,把影视资料融入韩语教学中,对学生的学习而言是有很大促进作用的。因此,在实际的韩语教学中,教师可以结合韩语教学的实际情况以及学生感兴趣的话题,恰当地融入一些影视资料,使学生从影视资料中了解一些韩国文化,增强他们的跨文化意识。

(五)培养跨文化交际的能力

1. 阅读文学作品,获取文化信息

文化的传播和获取都需要一定的载体和渠道。韩国文化也不例外。学习者可以通过多种途径获取文化信息,如语言交际、音频、视频、影视作品等。这些途径蕴含着不同的文化,学习者可以根据自己的实际情况,选择不同的文化获取途径。

在韩语教学中,教师要意识到文化获取途径的重要性,并采取多种方式增加文化获取的途径,使学生可以通过多种途径来获取文化信息。需要注意的是,文化获取途径的增加要遵循一定的原则。教师要充分利用好这些文化获取的途径,使学生能够从中学习更多的韩国文化,为自身跨文化交际能力的提高奠定基础。

在众多的文化信息获取途径中,经典的文学作品是获取文化信息的首选途径。经典的文学作品有着丰富的内容、生动的表达方式、具体的故事情节、全面的文学构思、突出的情感思想,这些都蕴含着大量的文化信息。学生通过阅读这些经典的文学作品,能够保证文化信息的准确性。同时,学生在阅读文学作品的过程中,可以结合自身已有的知识和文化,与文学作品的思想和情感产生共鸣。因此,韩语教师应该注重将一些经典的文学作品融入具体的韩语教学中,使学生能够获得更多韩语文化信息,不断丰富他们的韩语文化知识。学生掌握更多的韩语文化以及韩语文化的获取途径,有助于他们更深入地了解韩语文化,并主动利用韩语进行交际,这对学生跨文化交际能力的提高是有帮助的。

2. 语言教学与文化教学相结合

(1) 以语言教学与文化教学为导向

众所周知,语言与文化从来就不是孤立的,而是密切相关的。无论是哪种形式的语言教学,都离不开文化教学,因此语言教学要注重文化的融入。同时,语言教学的主要任务是通过教学使学生能够学习语言和文化,从而不断提高他们的跨文化交际能力。可以说,语言教学与文化教学并不是孤立的,而是相互结合的,二者共同为学生跨文化交际能力的提高提供保障。另外,语言与文化之间的关系也决定了语言教学与文化教学是不可分割的,无论是脱离文化教学,还是脱离语言教学,都会失去教学真正的意义,这对学生跨文化交际能力的培养也是不利的。

因此,在韩语教学中,教师应该首先明确语言与文化的关系,其次要意识到语言教学与文化教学相结合的必要性,真正以语言与文化教学为中心,实现在语言教学中渗透着文化,在文化教学中渗透着语言,从而真正实现语言教学与文化教学的有效融合。

(2) 由浅入深的教学原则

在韩语教学中,教师在融入韩语知识和文化时要遵循由浅入深的原则。这一原则有利于调动学生学习韩语的积极性,有利于学生从基础的韩语知识和文化学起。等到学生掌握一定的基础知识和文化之后,教师可以融入一些有难度的知识和文化,并对这些知识和文化进行系统讲解,使学生能够在基础知识和文化学习的基础上,学习有难度的知识和文化,进而挑战高难度的韩语知识和文化。这样有利于学生由浅入深的学习和理解韩语的知识,在一定程度上提高学生跨文化交际的能力。

(3) 文化渗透性原则

在语言教学中融入文化教学,实际上就是将文化渗透到语言教学中。具体到韩语教学中,就是实现文化与韩语教学的有效融合。因此,韩语教师要注重文化导入的方式,需要结合教学大纲、教学内容以及学生的实际学习情况,针对性地渗透文化。同时，教师还可以组织一些交际活动，对某一问题或某一知识进行讨论和学习，使学生真正将韩语知识和文化融入具体的实践活动和交际表达中，使学生能够用韩语表达自己的思想、观点和情感。

除此之外，韩语教师还可以通过社会实践活动来调动学生学习韩语的主动性，并将文化渗透到社会实践活动中，使文化学习与社会实践有机结合，促进学生跨文化交际能力的提升。

3. 利用网络词汇了解韩国文化

随着网络技术的发展，一些网络词汇逐渐出现，并开始应用到韩语教学中。在这些网络词汇应用的过程中，网络交际模式备受关注。这种模式不仅涉及语言知识，还涉及文化知识。除此之外，网络交际模式有利于学生推断出词汇背后隐藏的知识和文化。例如，教师可以播放一些韩语电影或韩语电视剧，引导学生从电影或电视剧中学习网络词汇，并让学生从这些网络词汇中挖掘出其隐藏的韩语文化。

4. 借助流行歌曲实现韩语教学

在韩语教学中，教师应该采用不同的方式来激发学生的学习兴趣。单一的文化导入方式不利于学生学习兴趣的激发。因此，教师应该结合学生的需要以及时代的发展，不断改革传统的教学方式，不断融入新的教学方式，以激发学生的学习兴趣。流行歌曲由于其流行性、时尚性而受到很多学生的喜欢，韩语教师可以将流行歌曲融入具体韩语教学中，用流行歌曲来促进韩语教学的发展。其具体做法是，教师可以融入流行歌曲的具体歌词、歌名等，使学生从中体验韩国文化，并不断提高自己的韩语表达能力和跨文化交际能力。

5. 调动学习者的学习潜能

语言是发展变化的，文化也是发展变化的。学生不可能一直在学校中学习语言和文化。当他们进入社会，也需要自主学习语言和文化。只有这样，学生的语言知识和文化知识才能跟上时代的发展。这就要求学生树立自主学习的意识和终身学习的观念。同时，学生跨文化交际能力的培养也是一个系统而长期的过程，除了需要学校教育的引导外，还需要社会实践的引导。因此，韩语教学应该将跨文化交际能力的培养作为重点内容，不断挖掘学生的学习潜能，使学生能够不断学习韩语知识和文化。

第二节 多模态视域下韩语教学的发展

一、韩语多模态课堂

（一）韩语多模态课堂中的要素

1. 教师

在韩语教学中，教师是不可缺少的组成要素。无论是课堂教学的开展，还是课外教学实践活动的组织，都离不开教师。在韩语多模态教学中，教师仍发挥着不可替代的作用。教师不仅要注重自己的语言表达能力，还要注意非语言的表达与呈现。

具体到韩语教学，听觉模态发挥着重要的作用。作为韩语教学的主模态，听觉模态对韩语教师的口语表达能力提出了更高的要求，即韩语教师要注重自己口语表达能力的提升。具体来说，韩语教师要注意语气的快慢，要注意韩语的准确发音，要注重音量和音调的适中性。切记不要夹杂方言，不要受母语发音的影响，更不能将韩语发音母语化。

除了听觉模态外，韩语教学还会涉及视觉模态。这种视觉模态对韩语教师的非语言表达，即面部表情表达与肢体动作提出了更高的要求。学生可以通过教师的面部表情了解教师的情感。因此，教师在韩语教学中应该注重自己的面部表情，需要教师面带微笑地去讲解韩语知识。同时，教师要学会用眼神与学生进行交流与沟通，这样容易使学生领悟教师的意思，有利于形成和谐、平等的师生关系。这种和谐的氛围能够调动学生学习韩语的积极性，对学生学习韩语是很有帮助的。

肢体语言在韩语教学中也起着重要作用。例如，教师可以采用点头的方式来表示对学生正确回答问题的赞扬；可以利用某一个具体的肢体动作来表达语言交际无法表达的内容。总之，肢体动作也是语言表达的一部分，它有利于辅助韩语教学，是韩语多模态教学的重要组成部分。

2. 学生

学生也是韩语多模态课堂中不可缺少的重要组成要素，学生在韩语教学中扮演着主体的角色。教师应该意识到学生的主体性地位，并坚持以学生为中心的原则，鼓励学生积极参加各种实践活动。学生也应该明确自己的角色，积极主动地学习。除此之外，学生还应该注重韩语教学中不同模态传达的信息，从这些信息中捕捉到有价值的信息，并将这些信息组合成一个体系。

另外，学生学习韩语的最终目的就是运用韩语进行交际。学生要想提高自己的韩语表达能力，就应该多听韩语、多练习、多模仿、多改进。在日常学习韩语的过程中，将韩语的词语、短语、句子等大声朗读出来，以了解自己的发音以及口语表达情况，这对学生韩语交际能力的提升具有很大的促进作用。

3. 教学内容

教学内容在韩语教学中起着重要的作用。教学内容涉及广泛，如韩语知识、韩语文化、韩语技能、韩语表达等。教学内容的选择主要以韩语教学目标为依据。在韩语多模态教学中，教学内容依然是其重要的构成要素。要想将教学内容传授给学生，教师就应该根据实际情况，选择恰当的符号模态。

实践证明，在韩语多模态教学中采用最多的符号模态有两个：第一个是视觉模态，第二个是听觉模态。

视觉模态主要是学生通过视觉就可以学到知识和技能的符号模态形式。在视觉模态中，各种文字、图像、视频等都可以是视觉模态中的符号。无论采用哪种视觉模态符号，都应该注重视觉符号表达内容的完整性，应该体现出不同视觉模态符号的特色。

听觉模态主要是学生通过听觉来学习韩语知识和文化的符号模态形式，如教师的口语表达、课堂上其他同学的口语表达以及音频中的韩语表达等。无论哪种听觉模态符号的表达，都必须清晰、准确，要使学生从这些模态符号的表达中学习韩语知识和文化。另外，学生通过听觉来理解韩语知识，一定要认真听、认真思考、注重模仿，从而不断提高韩语口语表达能力。

4. 教学媒体

韩语多模态教学也离不开教学媒体这一要素。教学媒体是韩语教学传递知识的载体。随着网络技术和多媒体技术的发展，韩语多模态教学媒体也在不断创新和发展。韩语多模态教学强调教学手段的多样性，强调多模态之间的交流与互动。多种教学媒体的融入为韩语多模态教学提供了更多教学媒介，有利于学生从多种教学媒体中获得多样化的韩语知识,掌握韩语多模态教学的内容,有利于学生在一种真实的情境中积极主动地学习韩语,从而促进韩语多模态教学目标的实现。

总之,教学媒体在韩语多模态教学中的重要性是显而易见的。教师要意识到教学媒体的重要性,并针对韩语多模态教学目标以及学生的学习需求选择恰当的教学媒体。

(二)韩语多模态课堂教学的环境

在传统韩语教学中,模态单一的教学模式缺乏真实情境的营造,这种单一的模态形式不利于学生结合具体的情境进行学习。随着教育信息化的发展,各种信息技术广泛应用于韩语教学中,韩语教学逐渐改变了单一模态的教学方式,开始采用多模态教学模式进行教学。教师利用信息化教学手段将文字、图片、音频、视频等融入韩语教学中,为学生营造出一种和谐的、真实的韩语学习环境,使学生能够通过多种感官来学习韩语知识和文化,从而使学生能够深入理解和掌握韩语的知识和应用技能,并在日常的交际中能够正确运用韩语。

除了营造真实的韩语学习环境外,教师还应该注重媒体与模式的融合,为学生学习韩语创设一个多模态的学习环境。在媒体方面不仅要借助语言媒体,还要借助非语言媒体,不同的媒体采用的模态符号是不一样的。教师在韩语多模态教学中应该注重媒体的选择,并结合学生的实际情况选择适合的媒体类型。这种模式实际上强调的是一种话语模式。话语模式与媒体之间存在着密切关系。媒体可以将韩语教学中的话语模式体现出来。同时,媒体不同,其话语模式也不同。

总之,多模态教学环境是教师教学、学生学习的重要环境。良好的多模态韩语教学环境的创设,有利于提高学生学习韩语的热情,有利于提高学生学习韩语的效率,更有利于学生在真实的语境中学习、体验和应用韩语。

(三)韩语多模态课堂中的角色建模

角色建模是韩语多模态课堂研究的重要内容。角色主要侧重于研究教学中的各种不同角色,建模主要强调的是角色与角色之间行为的交互。

实际上,在韩语教学中,主要涉及两种类型的角色。第一种类型是人的角色,第二种类型是非人的角色。人的角色很好理解,就是教学中的学习者——学生、指导者——教师。非人的角色也很好理解，如环境、图像、教材、视频等都属于非人的角色范畴。

在韩语教学中，教师主要承担着开展韩语教学的重任。教师要根据教学目标安排教学内容、组织教学活动、设计教学情境、更新教学理念、反思教学环节等，这些都是教师行为的重要组成部分。而学生以及其他非人的角色就会对韩语教师的不同教学行为进行回应。这种发起教学行为和回应教学行为的过程就是角色之间的互动过程。

（四）多模态在韩语课堂中的协同建构

在传统的韩语教学中，单模态体系比较常见，但随着教育的改革，韩语教学不再局限于单一的模态教学，而是更加追求多模态教学。韩语教学也融入了很多多模态因素，这些多模态因素在韩语教学中起着重要作用。需要强调的一点是，各个多模态因素都是单独的符号系统，这种符号系统在不同的语境中表达着不同的含义。在日常交际中，往往并不是一个多模态因素在起作用，而是多个模态因素之间相互影响、相互作用，共同参与交际，实现交际的目标。

在韩语课堂教学中，多模态之间的相互作用有很多。例如，视觉模态、听力模态、肢体语言表达、空间布局、课堂活动等。这些模态之间相互作用，共同为多模态韩语教学奠定基础。由此可见，多模态韩语教学中有很多模态因素，这些模态因素相互协同，共同为多模态韩语教学建构一个协同体系。韩语教师要根据具体的韩语教学目标，并结合学生的实际需求，选择不同的模态因素，以充分发挥各个模态因素之间的协同作用。

二、多模态话语在韩语课堂教学中的作用

（一）调动学生参与积极性

多模态韩语教学中涉及很多模态。多模态话语中也包括很多多模态因素。其中，非语言模态因素虽然在韩语教学中起着辅助性作用，但这种作用是不容忽视的。非语言模态因素涉及很多内容，如肢体动作、面部表情、语气、语调、环境、空间等，这些都有利于教师与学生之间的交流互动，有利于形成和谐的师生关系，有利于调动学生学习韩语知识和技能的主动性和积极性。

另外，文字、图片、音频、视频等多模态因素的融入，有利于将韩语知识和文化更形象、更直观地呈现出来。这种方式有利于激发学生学习的兴趣，增强学生学习的信心，使他们更好地理解和掌握韩语知识。

（二）提升学生学习兴趣

在多模态话语的影响下，教师会更加重视听觉模态与视觉模态的融入，往往会采用教学互动的方式来激发学生学习的兴趣。更为重要的是，学生可以在一种和谐的多模态氛围中学习和思考，这对学生学习兴趣的提高是有利的。例如，教师利用语言交际或结合肢体语言进行韩语教学，很容易提高学生学习韩语的兴趣，促进学生综合能力的提高。

（三）提高韩语教学效率

多模态话语理论是多模态韩语教学中的重要理论。这一理论对韩语教学效率的提高具有很大促进作用。多模态话语理论是针对多模态话语的相关知识进行的研究，它能够为韩语教学提供理论基础。同时，还可以在一定程度上使学生积极主动地参与韩语学习。

比如，在具体的韩语课堂教学中，教师可以将现代化的设备应用到教学中，使韩语教学的内容通过图像、音频、视频等方式呈现出来，为学生的学习创设一个良好的环境，促进学生与学生、学生与教师之间的互动，这种方式能够提高学生的学习热情，在很大程度上提高韩语教学的效率，最终推动韩语教学的发展。

（四）强化学习记忆

将多模态话语理论融入韩语教学中，有利于实现多模态教学与韩语教学的有机结合。多模态韩语教学改变了传统的单模态教学模式，将更多的模态因素融入韩语教学中，这对学生学习记忆的强化具有很大帮助。同时，多模态教学强调的是韩语教学要结合教学目标以及学生的实际学习情况来融入多种模态，这有利于学生掌握的韩语知识更加持久。教学实践证明，韩语教学中的各个模态与学生学习记忆之间并不是孤立的关系，而是有着紧密的联系。另外，多模态韩语教学强调学生的多种感觉器官在韩语学习中的应用，这种多感官的应用更能促进学生学习的积极性，使学生更乐于学习和理解韩语知识，有利于加深学生对韩语知识的理解和记忆。这是传统的单模态韩语教学无法比拟的优势。

（五）促进知识内化

将多模态话语应用于韩语课堂教学中，有利于为韩语课堂教学增加多种模态因子，为韩语教学提供更多载体。无论是韩语教学的理论知识还是文化知识，都可以以多模态的方式呈现出来，从而为学生学习韩语营造一个良好氛围，增加韩语学习环境的真实性，使学生能够在一种轻松愉快的环境中学习韩语。这种学习环境能够使学生不受母语的影响，使学生更加深入地学习和分析韩语，有利于学生将学到的韩语知识串联起来，并不断吸收和内化。

另外，多模态韩语课堂教学还应该注重韩语文化的融入。文化是理解韩语的重要因素，只有从文化的角度来理解韩语，才能将韩语与文化有机结合。同时，将多模态话语应用于韩语课堂教学中，意味着视觉和听觉的融入，这更促进了学生对知识的理解和吸收。总之，这种多模态话语与文化、韩语之间的融合，在一定程度上促进了学生对韩语的学习和内化。

（六）增强教学效果

把多模态话语应用于韩语课堂教学中，有利于提高韩语教学的效果。传统的韩语教学模式存在着教学理念陈旧、教学模式落后、教学模态单一等问题。这些问题在一定程度上阻碍了韩语教学的发展。随着多模态话语的出现以及它在韩语教学中的应用，韩语教学迎来了新的模式，增加了多种模态因子，更新了教学理念，这对韩语教学来说是有很大促进作用的。

另外，在韩语教学中融入的多种模态因子是相互作用的，这有利于学生与教师之间的交流与互动，也有利于学生在多种模态促进下积极主动地学习，最终有利于提高韩语教学的效果。

三、多模态话语韩语教学模式构建

（一）韩语实践教学模式构建

随着教育改革的不断推进，韩语教学也在不断改革和发展。这种改革必须紧跟教育改革的步伐，在注重韩语教学理论的基础上，重视韩语实践教学。韩语实践教学也要意识到文化的重要性，并不断在韩语实践教学中融入文化因素，不断提高学生的文化素质。如果脱离了文化，韩语实践教学模式将很难开展和实施。同时，教师在教学中还应该融入不同类型的知识，结合学生的兴趣爱好，组织教学实践活动，充分发挥学生的主体作用。

在韩语教学中，教师要意识到实践教学的重要性，并不断融入实践教学的相关内容。实践模拟课是韩语实践教学的重要组成部分，教师应该将这一课程融入具体的实践教学中。这样有利于学生在实践模拟课中将自己已经学习的理论知识应用到具体实践中，从而不断巩固自己的理论知识。同时，实践模拟课还有利于调动学生学习的积极性，使学生能够在实践模拟课中快乐地学习韩语。另外，实践模拟课还有利于学生将已经学习的韩语知识串联起来，提高学生学习的效率，促进韩语实践教学目标的实现。

在韩语教学实践中，语言实验室与网络平台的作用是不容忽视的。语言实验室能够使学生将已经学习的知识应用到实处，不断提升学生的语言应用能力。网络平台是网络技术不断发展的产物。网络平台能够为学生提供学习和交流韩语的平台，它有利于提高学生学习的兴趣，有利于实现教师与学生之间的互动，使学生能够在模拟实践中不断提高自己的实践能力。

另外，实践模拟课是实施韩语实践教学的重要课程。这一课程的开展，不仅能够提高教师的综合教学能力，还有利于教师不断改进教学方法。教师在韩语实践教学中要意识到实践模拟课的重要性，要不断丰富自己的知识结构，更新自己的教学理念，提高自己的实践教学能力。

总之，韩语教学属于语言教学的范畴。语言教学的最终目的是实现语言的应用。韩语教学也应该注重对学生韩语应用能力的培养。而韩语应用能力的培养和提高与韩语实践教学有着直接的关系。因此，教师应该将理论教学与实践教学有机结合，采用韩语实践教学模式，让学生真正能够在实践中学习韩语，提高韩语的应用能力。

（二）体验式韩语教学模式构建

体验式教学模式也是多模态韩语教学的重要模式，了解体验式教学模式，对多模态韩语教学模式的研究有着一定的促进作用。

1. 体验式韩语教学模式的概念

体验式教学模式是多模态韩语教学中的一种新模式。这一教学模式一是强调教师应以学生为中心，结合教学目标和学生的学习情况，安排教学任务、组织教学活动，并利用现代教育技术进行韩语教学；二是创设多元化的教学环境，使学生在真实的情境中学习和体验韩语知识和文化，在实践中不断应用韩语进行交际，从而不断提高学生的韩语应用能力。

体验式教学模式是对传统韩语教学模式的改革和创新，它将课前、课中、课后串联在一起，带给学生丰富的体验，使学生能够在真实的体验中理解和掌握韩语。

2. 体验式韩语教学模式的基础

学生学习的过程实际上是观察、接触、理解的认知过程。而体验式教学模式是以学生为主体的体验式学习模式，与普通学习不同的是，它融入了体验学习的环境。这种教学模式强调突出学生的主体地位，引导学生通过体验来实现自主学习。同时，体验式教学模式的实施与认知理论是十分契合的，这种新的教学模式有利于提高学生的自主学习能力和实践能力。

体验式教学在开展和实施过程中需要有环境的支持。传统的教学环境已经不能满足韩语体验式教学的需要，韩语体验式教学应该结合当前的网络技术、信息技术等，不断为学生学习韩语提供网络化和信息化的教学环境。与传统教学环境相比，网络化和信息化的教学环境有利于提高学生学习韩语的热情，有利于提高学生学习韩语的效率，有利于多模态视域下韩语体验式教学效果的提高。

除此之外，还需要说明的一点是，多模态视域下韩语体验式教学的实施离不开教学方法的支持。好的教学方法能够促进韩语教学目标的实现。纵观韩语教学方法的发展可以知道，传统的韩语教学主要采用灌输式方法，教师是权威者，大多数学生只能被动地接受知识，这样不利于学生自主学习能力的培养。而体验式韩语教学是对传统韩语教学方法的改革，它注重学生的主体地位，注重对学生自主学习能力的培养。教师在体验式韩语教学中采用各种方式为学生营造一个良好的体验环境，引导学生在真实的语境中体验韩语知识的魅力，体验学习韩语知识的乐趣。同时，教师还鼓励学生积极用韩语进行交流，主动参与韩语实践活动，积极进行体验，从而不断提高自己的韩语应用能力。

3. 体验式韩语教学模式的优势

体验式韩语教学模式强调的是学生在体验中学习。实际上，体验的过程就是学生在真实的情境中学习韩语知识、理解韩语知识和掌握韩语知识的过程。体验式韩语教学模式改变了以教师为中心的传统教学模式，确立了学生的主体地位，注重学生对韩语的体验和应用。同时，教师将信息化的教学方式融入体验式韩语教学模式中，为学生提供了一个自由、开放的学习环境，使学生可以真正体验韩语知识和深入理解韩语知识。这种韩语体验环境，改变了学生被动接受知识的状态，增强了学生主动学习的意识，使学生能够积极主动地学习知识和建构知识，真正将知识串联成一个体系。另外，体验式韩语教学模式注重学生对韩语的实际应用能力。在具体教学过程中，教师会组织一些相关的实践活动，鼓励学生积极参与实践活动，并在实践中不断巩固已经学习的韩语知识，同时还可以学习一些新知识。这种新旧知识的融合，有利于巩固学生已经学习的知识，有利于扩展学生学习知识的范围，有利于学生将这些新旧知识融入具体应用中，从而不断提升学生的韩语应用能力。

总之，体验式韩语教学是对传统教学模式的改革和创新。这种教学模式坚持以学生为主体，鼓励学生积极参与实践体验。它有利于学生快乐地学习韩语，增强学生的自主学习意识，有利于学生在体验中不断应用韩语，最终实现韩语教学的目标。另外，体验式韩语教学模式能够为教师的教学提供动力。这些优势无论是对教师、对学生，还是对多模态视域下韩语教学本身，都具有很大的促进作用。

四、多模态话语韩语教学评估体系构建

（一）构建的理论依据

目前来看，多模态话语已经逐渐成为应用语言学研究的前沿理论，而且研究的热点之一就是韩语教学领域。模态是指人类通过视觉和听觉等跟外部环境中的人、动物或物件之间进行的互动方式。用单个感官进行互动的叫作"单模态"，用两个感官进行互动的叫作"双模态"，三个或三个以上感官进行互动的叫作"多模态"。多模态话语指运用听觉、视觉、触觉等多种感觉，通过语言、声音、图像、动作等多种手段和符号资源进行交际的现象。

通过多种模态刺激听话者的感官是多模态教学理论所提倡的，其通过调动学习者多种感官协同运作，可以加深印象、强化记忆、提高交际的有效性。传统单一文本模式中的网络技术、多媒体技术以及语料库研究和言语工程研究的不断发展，使其转变为当今的多种模态话语表现模式，而且教室中的多媒体设备已使教学多模态化。

传统的文字读写向多模态读写转变，教学方法、教材编写和学习任务等也相应发生了变化。从技术和方法上看，教学形式的多模态化也使韩语教学更为生动、更富有成效。多模态话语分析的意义在于，它可以将语言和其他相关的意义资源整合起来，不仅可以看到语言系统在意义交换过程中发挥的作用，而且可以看到如图像、音乐、颜色等其他符号系统在这个过程中产生的效果，从而使话语意义的解读更加全面、更加准确。运用多模态话语分析方法研究课堂中的互动行为，使以前抽象的、脱离语境的文本分析变得更加生动形象，展现了当今多模态话语分析的一大优势。之所以采用多模态话语理论教学方法，是因为计算机多媒体辅助语言教学已广泛应用于韩语教学领域，为韩语教学提供了全新的手段和便捷的途径，教师可以在多媒体辅助下利用多模态话语理论及多媒体资源，设置不同的教学情境及多通道话语意义表达方式，有效地开展韩语的运用实践，让学生更加直观、更加主动地学习知识。另外，在多媒体教室开展图形、文字、声音、影像的立体式教学，可以使学生以高涨的情绪投入韩语知识的建构之中，为学生营造出轻松活跃的学习气氛，从而激发学生的学习兴趣，达到良好的教学效果。

（二）构建的基本原则

1. 教学须保证韩语学习者学习的意义

在这里区分了两种意义：语义学意义（词汇或者语法结构的意义）和语用学意义（交际过程中高度情境化的意义）。在教学中，两种意义都不能忽略，且语用学意义是重中之重。两种意义的教授方法有所不同，为了给予学生参与和练习语用学意义的机会，教师往往会采用任务型教学法。对于语义学意义，教师和学生分别将自己定位为教授者和学习者，韩语教授和学习就是他们的目标。而对于语用学意义，教师和学生都将韩语看作一种交际工具，而他们自己则是交际者。

根据对韩语教师授课过程的观察，我们发现，教师既花费了大量时间在语义学意义上，因为语义学意义是使用语言的基础，又开始加大对语用学意义的重视程度，这两种意义并不互相排斥。讲解完词汇后，很多教师会要求学生用所学过的单词说一段话，以便给学生更多机会，将这些单词放到语境中、放到实际生活中进行理解。在韩语课堂上，教师一般会将 1/4 的时间用于词汇讲解，3/4 的时间要求学生作课堂报告。可见，越来越多的教师意识到语用学意义的重要性。在作报告时教师并不在意个别词的使用，而是将它看作师生之间的一种交际。尽管学生会犯一些语法错误或者用词不够准确，只要不影响理解和交流，教师便不会打断学生。

2. 教学须保证学生掌握大量的惯用语

惯用语或者词块是韩语学习的一个重要来源。通常教师会要求学生记忆一些固定用法，例如，如何打招呼、道歉、感谢等。这些惯用语在韩语学习中有很大作用，因为学习大量惯用语有利于提高学生说韩语的流利程度。

（三）构建的标准

为了保证评估的公正和公平，必须要求评估标准明确。在语言教学领域，对形成性评估的整个评估体系标准研究较少。形成性评估和终结性评估一样，要建立严格的评估标准。

多模态课堂并不是随意地搭配和使用多模态方式，模态的选择必须适当且适量，符合话语情境的要求。因此，教师在制作多模态课件、选择多模态授课方式时，应该根据实际情况进行合理运作。由于评估内容和标准是多元的和综合的，所以评估方法的选择应根据评估内容的需要合理选择，对应的评估工具和方法应注重多样化和科学化，尤其应强调形成性评价的作用。只有将形成性评价与终结性评价、定性评价和定量评价有机地结合起来，充分发挥韩语评估体系在教学中的作用，才能比较全面、有效地评估学生的学习状况。

建立学生学习档案是形成性评价的重要方法，学生应在教师的帮助下编制"档案袋"，向家长及其他相关人员展示自己所学到的东西。在决定档案袋的内容时，学生是积极的参与者和决策者，而教师是指导者和学生学习的激励者。档案袋评估法可以将课程与教学评价结合起来，贯彻到日常的教学活动中去。档案袋包含很多信息：参与讨论、小组报告等口头交流技能；批判性、创造性思维及问题解决的过程；在学习活动中和谐地与他人相处的技能等。档案袋评估法在评定学习过程时显示出连续性和民主性，能提供学生学习进步的证据，当数字不能公正显示学生的学习结果时，可用其作为评定工具。当然档案袋评估法也有它的缺点，如难以做到客观、公正，标准很难确定等，因此档案袋评定法不宜单独使用，必须与标准化考试等其他评价形式结合运用。

评估体系是韩语教学的一个不可缺少的环节。现行的韩语评估体系过分强调终结性评估，忽视了对学习过程的形成性评价。因此，应在新的评估理念指导下，开发多元、多维度、更多评价主体参与的新型的韩语评估体系，确立适合大、中、小学韩语人才培养模式的教学评估内容的标准，综合采用档案袋评价法、观察法、自我评价法、学期和年终报告会评价法、课堂测试法和大规模标准化考试等多种评估方法集于一身的多模态评估方法对韩语教学进行评价，充分发挥韩语教学评估体系在促进教学方面的作用。

在教学过程中，教师在设计制作具有实用性的多媒体课件时，必须根据学生学习的认知规律对多模态进行选择与组合。课件内容无论从广度上还是深度上都应该适中，课件内容呈现顺序应合乎逻辑、难易适中、可读性强，能够使学生充分利用各种感官来感知、获取、认知与传递信息，能够切实引发学生的学习兴趣。另外，教师在进行教学设计时，应充分利用由文字、音频、图片、视频、网络等集合而成的多模态教学环境，为学生提供多模态认知与感知的良好氛围，为学生创造出尽可能真实的学习、运用韩语的语境。教师应该以提高教学效率为目标，无论是制作多模态的教学课件还是在教学过程中使用多种模态进行教学，都要认真思考，适当、适量地选择各种模态。单一模态没有办法把重要信息或者教学内容以另外的形式显示出来，这在一定程度上导致课堂单调死板，容易使学生疲劳，丧失学习兴趣。虽然从形式上看，每一种模态基本上都可以完全表达出所有信息，但不同模态之间的协作，特别是视觉模态和听觉模态的协调一致往往会对教学产生积极的效果。也就是说，教师必须注重多种模态间的协调统一，注意所选模态之间的主次关系，除了关注如何恰当选择每一种模态形式与学生进行交流外，还必须注重多种模态间的协调统一，注意所选模态之间的主次关系，善于利用不同符号媒体的优势进行教学。

（四）构建的内容

要想了解韩语教学效果的好坏，就应该对韩语教学进行评估。明确韩语教学评估的内容，对促进韩语教学评估的效果具有十分重要的意义。究竟要对哪些内容进行评估，需要结合韩语教学的具体目标。只有围绕韩语教学目标进行评估，才能知道韩语教学是否实现了教学目标。韩语教学的主要目标就是巩固学生的韩语知识、增强学生的跨文化交际意识和能力、提升学生自主学习和思考能力、提升学生的学习效率。韩语教学评估的内容要紧紧围绕教学目标，具体而言，可以从以下内容进行评估。

第一，综合运用韩语的能力。这种能力是一种综合能力，主要涉及韩语听说能力、韩语阅读能力、韩语写作能力以及韩语翻译能力。这些能力的提升都是韩语教学的目标，也是韩语教学评估的重要内容。

第二，立足学生的学习过程，评估学习过程所涉及的各种能力的培养情况。例如，理解知识的能力、发现与提出问题的能力、分析问题的能力、解决问题的能力、捕捉韩语知识及文化相关信息的能力、与他人合作交流的能力等。同时，还要注重评估方式的多样性，除了要采用终结性评估方式外，还要采用形成性评估方式。

第三，注重情感态度的评估。在对情感态度的评估过程中，教师不能直接进行评估，而需要通过其他方式对其进行间接评估。例如，教师可以通过观察学生日常学习的表现，对学生的情感态度进行评估。

五、多模态韩语教学模式的发展策略

（一）创建多模态韩语教学活动

在当今飞速发展的时代背景下，传统的韩语教学模式已经满足不了当今社会对人才的相关要求了。当前的教育应该注重培养多能型人才。教师应该注重培养学生的综合能力与综合素质，在教学过程中，教师应以学生为主体，起到辅助与引导作用。教师在应用多模态教学模式时，应突破传统，并对其进行正确有效的改进。在韩语教学中，以听觉模态与视觉模态为主，教师应引导学生自主学习，通过不断地听与看的练习，激发学生对韩语的学习兴趣。例如，在课堂当中，教师根据学生掌握知识的程度，以小组的形式进行情境角色扮演，让学生相互之间练习对话。根据特定的情境创设，学生可以更加快速地掌握韩语技能。

（二）利用多媒体丰富教学资源

在多模态教学模式的应用过程中，首先需要拓展学生的知识面，将教学资源加以丰富，便于学生提升学习能力。韩语教学主要从词汇和语法两方面入手，教师要根据学生的实际情况与当前的教学环境，合理利用多媒体教学工具来丰富教学内容，通过多媒体的多元形式，运用音频、视频等不同的方式进行教学与知识点的讲解，这样不仅能够增加学生对知识点的记忆，还能加强理解能力。

（三）创建良好的多模态教学氛围

在教学过程中，教师应该正视学生之间存在的差异，并要根据这些差异，创设不同的教学策略。因为学生的韩语基础决定了学生学习的效率，首先要让学生对韩语学科产生一定兴趣，然后再因地制宜地营造多模态教学氛围，为学生带来更好的学习体验。例如，合理运用多媒体教学；在枯燥的教学中融入视觉效果与听觉效果，增强学生的体验感；播放韩文影视作品，将学生带入情境中，让学生产生联动，增强学生的学习乐趣。

（四）融入考核模式与评价模式

在韩语教学中应该适当融入多模态考核模式，以便教师掌握学生的实际学习情况和进行精准、全面的评价，这样有利于拓展学生的学习思维。将日常的学习习惯与学习成效进行综合评价，有利于学生增强自信心，让学生有清晰的自我认知。

综上所述，多模态教学模式在韩语教学当中的应用，顺应了时代的发展与改革。这样不仅提升了教学成果，还突破了传统固有的教学模式，教师与学生都在一定程度上得到了有效的发展，并且满足了不同层次学生的需求，让学生发散了情感思维。在教师的正确引导下，学生对韩语学科产生了积极主动性，全面提升了自身的韩语素质。这为学生的未来发展奠定了良好的语言基础，为国家培养了更加优质的人才。

第三节　基于生态化的韩语教学发展

一、韩语课堂生态的功能

（一）优化结构的功能

韩语课堂生态由课堂生态主体和课堂生态环境组合而成，其基本结构是相对稳定的。课堂生态的营养结构也是比较清楚的，教师生产知识，学生消费知识，环境在这过程中起着媒介作用，在这一点上教材扮演着重要角色，学生通过对教材的学习来增强自己的知识、提升自己的能力。但是，随着人们生态理念的加强，许多固有的格局被打破，比如，教材不再是知识的唯一载体，网络和多媒体成为重要的知识载体；教师不再是知识的唯一提供者，学生可以互相学习，环境本身也具有一定的教育功能；学生不再是知识的被动吸收者，而是知识的体验者、探究者、发现者和创造者。在这些生态理念的推动下，课堂生态因子之间的互动随之发生变化，课堂生态逐渐由传统型向建构型、共建型等新的生态结构演化，在此过程中课堂生态系统得到不断优化。

（二）协调关系的功能

教师和学生之间的关系是课堂生态的重要组成部分，他们作为生态主体，对课堂生态起着至关重要的作用。师生关系通过课堂教学活动的不断发展变化，相互支撑和依存。如今生态视野下的课堂提倡从单纯的教师授课转变为师生互动，提倡让学生更多地参与课堂学习，这些新的教学方式让教师和学生之间的关系更加和谐。更重要的是，生态课堂体现了师生之间的多方位交流，打破了原有教师和学生的单方面交流。这种多元化的交流方式，会增强师生之间情感的交流，加深情感信息和各种生态因子之间的关系，从而形成情感交流的动态网络。教师和学生的情感态度会互相影响，教师会影响学生对知识的学习，而学生则会影响教师的教学质量，所以生态课堂要求师生之间要积极地反馈自己的情感，这对师生关系的和谐发展极其重要。同时，也要不断优化课堂生态中主体与客体的关系，使之和谐共处。

（三）生态育人的功能

生态系统的最根本功能是提升生产力，韩语课堂生态的根本功能在于培育人才。这里的生态育人包含三层意思：一是生态主体的共同成长，二是生态主体的均衡发展和可持续发展，三是育人方式更加生态化、更加科学化。人是教育的核心元素，育人是教育的根本任务，所以韩语课堂生态的功能归根到底是育人的功能。

第一，生态主体的共同成长。教师和学生的共同成长是生态课堂的最终目标。传统韩语课堂主要关注学生的发展；生态课堂则尊重教师和学生，而且教师的成长和发展会促进学生的成长和发展，生命的共同成长会进入良性循环。

第二，生态主体的均衡发展和可持续发展。传统韩语课堂主要关注学生成绩，把学生当作产品批量生产，学生的能力提升和情感体验在一定程度上被忽略。新媒体时代的韩语课堂生态更加关注人的全面、自由、个性发展，提倡多样性共存。可持续发展是指对学生的培养要放眼长远，注重对学生自主学习能力的培养和终身学习理念的传输，最终通过人的可持续发展促进社会的可持续发展。可持续发展是新时代生态学研究的重要领域和重要思想。

第三，育人方式更加生态化、更加科学化。新时代韩语课堂生态更加重视学生的主观能动性，认为知识是靠自己参与活动体验出来的，是靠自己探究发现出来的，不应过分依赖教师，要发展自己的判断能力和自主学习能力。因此，灌输式教学不是韩语生态课堂的追求，建构式和共建式课堂才是新时代韩语课堂生态的主要形态。

需要说明的是，系统的功能是由结构和环境共同决定的。系统的基本结构具有稳定性，但是系统的外部环境会发生变化，变化了的外部环境会对系统产生干扰，系统与外部的物质、能量、信息交换就会随之改变，系统与环境相互作用的过程和效果就会受到影响，最终导致系统功能异变。所以，系统功能比系统结构具有更大的可变性。韩语课堂生态具有一般课堂生态的特征，结构和功能相对稳定。但是，当信息化韩语教学改革实施后，韩语教学环境发生了巨大变化，韩语课堂生态被牵引到一个远离的平衡区，系统的某些功能也就相应地发生了改变，韩语课堂生态出现了一定程度的失衡。

(四)促进演化的功能

生态系统的正常运行必须依靠系统与外部环境的物质、能量和信息交换以及在内部的流通。课堂生态是一个社会生态，系统的能量来自师生的课堂交互活动以及系统外部环境的影响。好的师生关系、好的教学方法、好的学习资源、正面的社会期待等都能对教学产生促进作用。

二、韩语生态化教学模式的发展策略

(一)制定合理的生态化教学目标

课堂教学往往被看作一个生态系统，而这一生态系统的平衡性却不断被打破，如单一地以教师为中心的授课模式和以学生或媒体为中心的授课模式都不利于教学生态模式的构建。教学目标的选定涉及语言知识目标、学生发展目标及整体教育目标。语言知识目标的制定会直接影响学生的语言能力。在韩语教学生态模式的构建过程中，初级阶段的通识课程可以以掌握语言规则为主，如语音、语法、语义、语用等基础知识，教师应在课堂教学中积极引导学生掌握基本的语言规则，通过反复操练，强化其对基础知识的掌握；中高级阶段的通识教育则可以融入文化知识和专业知识，教师应根据学生的特点、认知能力和认知水平，融入韩国的风土人情、历史地理、文化及价值观等，以提高他们对韩语知识及韩国文化的认识。此外，语言知识与文化知识在生态化教学模式的构建过程中同等重要，在设定教学目标的过程中，不能忽视其重要性。教师可以采用多媒体教学手段，通过影片的导入、自身的经历向学生介绍中韩的文化及二者之间的差异，通过不同文化的输入，培养学生对中韩文化的敏感性，提高其跨文化交际的能力和多元文化意识。另外，制定教学目标还应将整体教育培养目标融入其中，注重学生的全能发展。韩语教学生态模式强调语言知识与技能的结合、教学过程与效果的结合、教学目标与非教学目标的结合，只有将三者相结合，才能保证学生在语言习得过程中体验语言的使用，有利于其潜能的开发及全面发展。

(二)改进韩语生态化教学过程

生态化教学过程体现在生态语言环境下，师生、环境及语言各生态因素之间通过相互作用达到相互稳定的平衡状态，从而最大限度地实现学生的进步与发展。

韩语教学要求教师在平等和谐的教学环境下，利用现代化信息技术，优化教学内容，同时运用各种教学方法，使韩语教学更贴近学生，促进学生语言应用能力的提高。

在韩语教学中，教师积极运用各种教学手段和方法，将静态的知识动态化，让以学生为中心的教学过程更具有层次性、趣味性、探索性。教师选择生态化教学方法，首先要定位好作为教师的教学角色，尊重教学环境，通过课前课后的沟通，创设和谐自由平等的教学环境；其次要尊重学生的整体性和个性，尊重学生语言学习个性，满足不同学生的需求，注重教学方法能调动不同层次类别的学生；最后要注重语言文化知识差异。

在生态课堂教学中，教师可以选择具有层次性、趣味性和个性的教学方法，如讲授法、语法翻译法、角色扮演法、文化比较研究法、视听法等，从语言情感上调动学生的主动性和创造性。

（三）选择合适的生态化教学内容

教学内容的选择主要涉及教师与学生对课程内容、教材内容及教学实际进行的综合性加工。韩语教学生态模式中的教学内容，主要涉及语言知识的选取、文化知识的传输及生成意义的全面发展等内容。对此，教师可以合理利用教材，对教材内容进行选择、取舍，同时科学地加工教材，合理地组织教学过程。具体而言，教师可以通过整合教材内容，结合网络资源，采用多元化、趣味性的教学方式，引导学生了解、习得和吸收语言知识。

韩语教学内容的选择是一个融合自然科学与人文社会科学的过程，在这个过程中，教师应注意各个要素之间的相互关联和相互作用。在构建韩语教学生态模式时，教师应以语言生态学为基础，结合教育观，正确处理韩国文化与中国文化的异同，巧妙地将中韩文化结合起来，丰富学生的文化知识，让学生了解二者之间的相似性和差异性。

（四）甄选韩语生态化教学资源

生态化教学理论强调教师、学习者、语言与学习环境所形成的和谐统一关系。这种韩语教学的生态化发展，需要甄选实用性、契合度、接受性更强的韩语教学资源。

第一，实用性特指韩语学习资料的健全度，对本章节或本课时韩语知识点的解读是否全面，是否能够为学生提供不同视角的知识点理解角度，是完善生态化课程资源的前提。

第二，契合度特指教学资源是否能满足学生的学习需求。假设教师所提供的学习资源与本班学情不符，那么学生的自学条件将很难成立，生态化学习环境就很难真正形成。因此，韩语教师需以本班学生的应用基础能力为前提，考量教学资源的甄选方向。

第三，接受性特指学习资料的趣味性。当趣味性较强时，学生的自主学习愿望和动机较为强烈，可支持学生自学完成学习任务和目标。韩语教师在甄选教学资源时，对于部分较为枯燥的韩语知识点需要进一步加工，对于部分较为复杂的韩语知识点需要简化，进而减轻学生的自学压力，加强学生自学韩语知识的可能性。达到以上甄选教学资源的条件之后，便可在课堂教学内大量使用教学资源，引导学生自学，并在互动中完成对于韩语问题的积极探讨，增强韩语课堂教学的互动性，完善生态化教学环境。

（五）加强韩语生态化教学管理

1. 加强民主性管理

民主性管理是指在实际的韩语教学管理中，教师与学生一起制定课堂行为管理制度，采取各种方式和手段进行"以人为本"的课堂管理。民主性管理强调尊重学生的主体性。在制定和执行韩语生态课堂管理制度的过程中，教师要确保全部学生对课堂管理制度的制定和执行享有平等的参与权和发言权；学生要参与韩语生态化教学管理制度的制定，对于相关的课堂教学制度他们有权评价，也有权提出改进建议。所以，在韩语生态化教学中，教师要与学生一起制定课堂教学的制度。教师可以与学生协商制定彼此都认可的一些灵活、易操作的课堂管理口令，让彼此认可的课堂口令发挥管理功能。在实际上课时，韩语教师可以和学生商量选择一些简单的数字或韩语字母来制定一些课堂教学口令。

2. 加强学生自我管理

韩语生态化教学模式具有加强学生自我管理的功能，具体分析如下。

第一，教师要引导学生积极参与韩语生态化教学管理，让学生充分认识到自己是课堂中的一员，让学生自己管理自己，培养自己的主动性，进一步强化学生主动学习的积极行为，让学生认识到自己的不足，并做到及时改正。与此同时，教师应引导学生正确认识自我、强化自我意识和自我管理的意识，帮助学生确立适合自己实际发展的目标，进而强化学生自我管理的动机。

第二，学生自己也具有管理课堂不良行为的能力，关键在于教师的积极引导。在正确的引导和鼓励下，学生也能正确地评价、反思自己在课堂中的行为，使他们在心理上和思想上认识到自己的不足，从而进一步改进自己的不良行为。激励学生的积极行为，不仅能减少学生的课堂消极行为，而且能从内部促使学生充分意识到自己既是课堂教学的被管理者，也是课堂教学的管理者，这样才能使生态化课堂教学达到育人的目的。

（六）师生关系的构建

韩语的生态系统是由生态主体和生态环境两个要素构成的。所谓生态主体，是指教师和学生；生态环境即课堂教学。教师、学生和课堂教学共同构成了课堂生态因子，它们之间相互依存、相互影响，形成了一个完整的生态体系。其相互之间的平衡关系是保证教学模式顺利推进的重要条件。在韩语生态化教学模式的构建过程中，师生之间的平衡关系体现在课堂教学的言语互动中。教学过程既是传授知识的过程，又是课堂教学延伸的过程。

教师作为生态化教学模式的主导者，其作用不容忽视，他们既是课堂的引导者、指挥者，又是实施者，能帮助学生在生态环境中选用合适的学习方式、学习内容，帮助他们提出问题、解决问题。教师在课堂教学过程中是一个多元教育主体，在课堂教学的实施过程中要策划、组织教学活动，为学生提供必要的信息，引导学生开展相应的主题活动；通过示范，让学生及时了解教学内容的重点和难点，进而让学生在真实情境中巩固所学内容。此外，教师还是教学发展的协同者，在教学中指导学生如何学习、如何在实际场景中运用语言知识、如何提高跨文化交际的能力以及如何在韩语教学中了解和摄取新的语言文化知识。例如，教师可以通过多媒体及网络信息技术引导学生进行课外自主学习，培养学生的自主学习能力，激发其学习兴趣，丰富其文化知识，提高其语言实际运用能力。对于学生来说，应该明确自己的地位，成为学习活动的主体，在多样的学习活动中培养自身的交际能力，同时还要与教师加强互动，在互动中形成和谐的师生关系。

（七）形成多元的教学评价体系

教学评价是教学系统中比较重要的一个因素，在所有的教学环节中都能看到它的"身影",甚至直到教学结束,它还会发挥作用。过去的韩语教学理念与方式过于单一,教师在其中发挥主要作用,但现在,学生的学习能力培养需求增强,传统的评价方式已经不能满足韩语教学与学生学习的需要。因此,韩语教师应该总结过往的教学经验,在借鉴其他优秀的教学评价方法的基础上,形成多元教学评价体系,从不同方面对学生进行合理的评价。

首先,在综合韩语教学中,教师的评价模式应该具有多样化特征,对不同的教学要素都可以进行评价,而且不仅教师可以对学生进行评价,学生之间也可以进行评价,甚至学生还可以对自己展开评价。在自我评价过程中,学生可以对自己有正确、全面的了解,可以对自己的整个学习过程予以监控。

其次,从评价内容来看,韩语教师应该保证内容的多元化。韩语课堂不应该是封闭的,相反,它应该是开放的,是能让学生的视野得以开阔的。它的目标也不能仅仅是提升学生的韩语学习成绩,而是应该更加具有全面性,涵盖更多的要素,不仅要涵盖影响学生学习的各大要素,还应该涵盖帮助学生实现学习目标的各种策略等。

最后,从评价策略来看,韩语教师应该保证评价策略的多样化。教师应该遵循科学的原则,对韩语课堂教学的规律予以把握,对学生学习韩语的真实情况予以把握,这样,教师才能根据客观的情况选择合适的教学策略进行教学。只有保证教学策略的多样性与灵活性,教师才能从多个方面对学生的学习进行有效监控,韩语教学的真正意义才能实现。

第四节 依托现代教育技术的韩语教学发展

飞速发展的信息技术和不断深化的教育改革,在给人们日常生活带来深远影响的同时,也促使现代教育体系朝"互联网+教育"的模式不断转变。教育信息技术逐渐普及,给大学的韩语课堂教学带来了新的活力与勃勃生机。多媒体、智慧课堂、微课等现代教育技术的广泛运用,极大地丰富了课堂教学模式,调动了学生的学习热情,深化了他们的思考与认知,对其全面发展起到了举足轻重的作用。然而,由于种种因素的影响,现代教育技术在与大学韩语教学融合的过程中也面临各种挑战和问题。

一、在韩语教学中融入现代教育技术的优势

现代教育技术手段的利用,使得韩语教学发生了显著变化,让原本抽象的课堂变得直观,让原本静态的课堂变得动态。现代教育技术手段的使用还实现了文字与图表、声音的兼容,有利于活跃韩语课堂气氛,更重要的是,学生的主观能动性也能有所提高。

第一,现代教育技术能够提供与文字教材相配套的、形象的、直观的教学内容。这样的教学内容更有利于学生获得丰富的感性材料,然后通过思维从感性认识逐步上升为理性认识。

第二,现代教育技术表现出的时空宽广性使教学活动可以不受时空限制,扩大了观察范围,提高了观察质量,也提高了观察效率,为学生能迅速形成正确的认识提供了优越的条件,更有利于学生的学习。

第三,现代教育技术的特性使得电化教学(使用电教器材设备和电教教材进行教学)过程更加符合学生的认识规律,更加有利于学生在获得知识的基础上掌握技能、技巧,将所学知识运用到实践中。

第四,现代教育技术是形象直观的教育,它从内容到形式都强调通过科学美、教学美和艺术美来传递教学信息,增加知识美的艺术魅力。因此美学贯穿于现代教育技术的全过程,美学理论是现代教育技术的理论基础之一。

二、在韩语教学中应用现代教育技术存在的问题

虽然现代教育技术在实践中为大学韩语教学提供了诸多便利,为传统的韩语课堂注入了新鲜活力,但现代教育技术对大学韩语教学的融合仍然会产生一定的影响。总体来说,大学韩语教学在使用现代教育技术的过程中集中出现了以下几个方面的问题。

(一)对现代教育技术的使用方法了解欠缺,使用不当

首先,越来越多的大学教师在一定程度上趋向或不得不利用现代教育技术进行韩语教学,而且部分教师需要在同事或专业人士的帮助下才能渐渐熟悉部分技术的简单使用方法,甚至仍有许多教师对现代教育技术了解不够到位,无法在大学韩语课堂上灵活运用。其次,部分教师倾向于将从互联网搜索的相关课件直接

运用到自己的教学过程中。出版社与网络上所提供的制作完备的课件，尽管质量可能较高，但其并非教师按照本班学生的学习情况制作而成，不一定符合本班学生的认知水平。最后，有些教师通过网络搜集课件来制作所需要的素材，并花费一定的时间和精力独立制作教学课件。这样做确实更加适合本班学生，有利于使课件的每一环节设计均达标。然而，对于不太了解课件制作的教师而言，这样不仅费时费力、增加教学负担，而且制作的教学课件还容易出现重点把握不清、思维混乱等问题，最终适得其反、事与愿违。

（二）过分追求现代教育技术在大学韩语课堂中的应用，主次不分

针对韩语教学课件的制作或选取，不同教师有不同的原则，有些教师会花费大量时间制作课件，在课堂上把讲授课件作为主要教学方法；有些教师则为了符合学校对于信息现代化教育的要求而象征性地使用，片面追求信息技术应用在课堂教学中的高频率，忽略了信息技术只是大学韩语课堂教学的一种辅助手段。这两种趋势都会造成教学重点不清、本末倒置、舍本逐末的不良后果。在课堂上，过分追求现代教育技术在课堂中的应用，容易导致学生逐渐对这种直观的信息习以为常，缺乏发散思维，慢慢地对深层思考失去兴趣。

（三）现代教育技术应用下的大学韩语课堂中学生主体性缺失

现代教育技术凭借自身带有的时代特征优势，在优化教学模式、提升教学质量等方面发挥了至关重要的作用。在将现代教育技术运用于大学韩语教学的过程中，学生由于学习技术控制力较低、信息文化素养和认知能力较弱，容易丧失自身的主体性，这不利于其自主、积极地学习韩语。

（四）学生对信息化课堂教学的适应性与参与度较低

现代信息技术的确给大学韩语课堂教学增添了许多精彩与乐趣，也为广大学生的学习提供了不少便利与帮助。但鉴于诸多原因，很多学生对信息化课堂适应性与参与度不高。例如，随着课堂中现代信息技术的引入，越来越多的教师逐渐倾向于无板书式讲授教学，即依赖幻灯片演示软件（PPT）等直接呈现知识点而不在黑板上写字梳理。在这种情况下，大部分学生往往不再像往常一样认真整理笔记，而仅仅用手机拍摄教师所展示的PPT，拍完之后很少有后续的加工或梳理

工作。这样不仅在复习时难以精准、快速地定位重点知识，而且知识点也只留存在手机里而没有根植于大脑。

除此之外，许多学生把课堂上现代教育技术的使用当成自己上网的机会，每当教师要求他们借助网络查找相关资料时，总会有学生在网上做与课堂无关的事情。有些学生甚至在上韩语课时不带课本，只带平板或笔记本电脑。教师将大量时间花费在讲授教学内容以期能够按计划完成教学任务，而学生不管是主观上选择无视课堂还是客观上被迫适应信息化课堂，往往都倾向于沉浸在个人世界中，自娱自乐或埋头苦学，而非主动和教师、同学交流。这些都严重制约了现代教育技术在大学韩语课堂教学中的深度融入。

三、现代教育技术在大学韩语教学中的发展策略

（一）提高大学韩语教师现代教育技术的运用能力与科技素养

随着现代信息技术逐渐融入教育行业的方方面面，为适应信息时代的新要求，大学韩语教师应有意识地从各个渠道主动学习并精通各种现代教育技术，而非被动接受。同时，教育部门应适时为教师组织各种现代教育技术应用技能培训，鼓励教师开展现代教育技术与大学韩语课堂教学整合的课题研究，使其在研究过程中发现问题、解决问题，从而提升其理论与实践相结合的能力，加强现代教育技术与大学韩语课堂教学的有机融合。

（二）拓展韩语教学内容，课堂教学不拘泥于韩语教材

学生要在学习韩语的过程中增加对韩语历史、文化等的掌握，不断对课本中学到的内容进行深入了解，扩大自己的知识范围，提升自己的文化素养。因此，教师在教学过程中不应拘泥于课本中的固有知识，而应在学生的认知基础上扩大其学习范围，引导其学习课本之外的相关或有价值的知识点。例如，在听力课上，教师可以在正式进行课本内容讲授之前播放一段最新的有关本节课程的韩语新闻，通过快速的听力训练，不仅让学生感受到韩语新闻的播报方式，了解当前的流行热词与话题，拓宽韩语知识面，使所学与社会接轨，还可以先行一步引入课堂教学内容，使其对主题背景有所了解，从而积极参与课堂学习。

（三）丰富教学资源，推动情境化教学

通过视频、图像、音频等现代教育技术手段辅助课堂教学，化隐晦为直观、化抽象为形象，不仅能丰富课堂教学模式，改善课堂教学结构，而且能激发学生的学习兴趣，使其全身心投入课堂。通过角色扮演、情境模拟等方法推动情境化教学，将学生带入特定的情境，激发他们的内在情感，使其在学习过程中保持热情。例如，当教师讲到某个晦涩难懂的语言用法时，可以通过模拟情境带入个人体验，让学生对知识有感官上的理解，从自身出发感受语言的用法与使用时机。其具体做法是在每堂课的前几分钟，教师可以播放一段和当堂课相关的视频或音乐，既缓和学生的焦躁情绪，又帮助他们快速地进入韩语学习状态。

（四）合理选择教学模式，突出学生主体地位

作为人文学科，韩语教学以关注社会与人的精神与情感为主。然而，大学韩语教学将情感陶冶的作用不断弱化的现象依然存在。有些教师对情感、态度与价值观的内容有所忽略，只对学生进行一些知识架构的讲解。教师在对教学内容进行选择和运用时，不仅要注重教学内容所要传达的情感，而且要注重学习过程中学生的学习主体性和能动性。在运用现代教育技术讲解知识的过程中，教师要进一步以学生为主体进行教学媒体和模式的选择，增加小组探究学习，随机课堂提问等教学活动，提高他们的课堂参与度，在调动他们学习积极性的基础上，强调其主体性，突出其主体地位。

（五）恰当运用现代教育技术，突出教师主导地位

如今，现代教育技术凭借自身的突出特点，已在大学韩语课堂教学中做出重大贡献，教师更应该灵活运用现代教育技术与大学韩语课堂教学结合的优势，将教育教学的各个环节发挥出最大价值，为学生提供良好的学习环境。部分教师在教学过程中忽略了自身的主导地位，将重点放在了如何应用现代教育技术、如何将选取的材料运用到韩语教学上，缺乏对学生韩语知识吸收、教学内容、教师主导地位等的综合考虑和设计，导致课堂教学效果没有达到预期。因此，教师在大学韩语教学过程中必须明白任何教学手段、设备、方法都要服务于教学目的。在韩语教学过程中，教师应结合教学目标及自身实际，采用符合教学实际和学生学习需要的方法，让韩语教学取得最优效果。

第四章 高校韩语教学方法

本章主要介绍高校韩语教学方法，依次介绍了沟通式教学法、情境教学法、交际教学法、多媒体技术教学法、对比教学法五个方面的内容。科学合理的韩语教学方法对提高韩语教学质量发挥着非常重要的作用。

第一节 沟通式教学法

一、沟通式教学法的内涵和特色

（一）沟通式教学法的内涵

沟通式教学法注重教师与学生之间建立良好的沟通关系，以切实提高学生与他人沟通的能力。换言之，沟通式教学法的关键在于让学生参照学习的内容、主题来进行相关表述，使对方了解自己的想法，同时通过具体的策略进行有效的沟通对话。沟通式教学法旨在切实提高学生与他人的沟通能力，使学生掌握一定的语言表达能力、社会学习能力、言谈能力等。它要求高校学生通过充分借助基础理论知识和对语言文字的学习，能够对外进行交谈或是完整地表达出文章的大致意思。它还要求学生能够根据文章中的对话或是相应的社会背景，对社会、角色等关系进行理解和相应的表述。

（二）沟通式教学法的特色

沟通式教学法最突出的特色就是教学活动。用传统的目光来看课堂教学活动，它可以被认为是语言训练和交流对话活动的前提条件。沟通式教学要求学生在进行韩语学习的同时也进行沟通训练。沟通既是语言学习的终极目标，也是非常重要的学习途径。与此同时，沟通式教学法不仅要做到提高学生的韩语水平，还要重视学生学习的过程。沟通式教学法要立足于学生学习的精准展开,提高学生自主学习的能力而不是机械式的教学。另外,沟通式教学需要提高学生的参与度,鼓励学生积极参与课堂学习,体现学生的主体地位,促进学生更好地掌握韩语,切实提高高校韩语教学的课堂教学质量。

二、沟通式教学法在韩语教学中的应用

对于刚开始学习韩语的学生而言,他们不仅要掌握基本的韩语单词,还要学习一定的语法,更重要的是学习如何进行自我介绍、询问他人信息、基本的问候语等与日常生活联系密切的表达形式。考虑到这些方面,教师将沟通式教学法应用到初级韩语教学的过程中,应当使用"开始—呈现—训练—活动—归纳"的形式,具体表现如表4-1-1所示。

表4-1-1 沟通式教学使用形式

阶段	过程	活动和角色 教师	活动和角色 学生	时间(分钟)
开始	激发学生学习动机	向学生提问,告知学生具体的学习目标	充满学习欲望,猜测学习目标	5
呈现	将学习目标呈现给学生	利用视觉、听觉材料呈现沟通情况,详细地阐述本节课的学习目标	根据对材料的理解,进行教材中典型句子的学习,认真聆听教师的讲解并理解教师讲解的内容	10
训练	集中训练	针对单词及主要句子集中训练	根据教师的要求,进行相关的训练	10
活动	沟通练习活动	采用一对一沟通方式开展练习活动	积极进行沟通练习,以实现本节课的教学目标	20
归纳	复习归纳所学知识	采取提问的方式进行总结归纳,并复习所学内容	在回答完教师提出的问题之后,归纳总结本节课学习到的知识	5

根据上表所呈现的沟通式教学法具体步骤开展教学活动，不仅能够有效地提高学生对语法的掌握能力，还能够规范学生的发音，提高学生的口语表达能力。对于韩语的写作而言，学生能够在沟通中不断积累词汇和学习词汇的正确用法，这对学生的韩语写作是大有裨益的。然而在对初级学生开展语法教学活动的过程中，值得一提的是，教师最好不要将某一语法的解释和用法全部传授给学生，而要循序渐进地向学生解释，逐步加深学生对该语法的理解。在高校韩语教学的过程中如果能重视以上几点，科学合理地采取沟通式教学法，将十分有利于学生韩语的学习，有利于他们的韩语水平的提高。

第二节　情境教学法

一、情境教学法的理论基础与原则

通过视觉情境、语言情境、学习情境等与特定语言相关的情境，将韩语与情境参与者的知觉、思维直接联系起来，从而达到教学目的的教学方法即为情境教学法。其中学习情境多是指在学习获知过程中，为达到更高的获知效果而借助想象、手工、口述、图形等手段而营造出来的与现实相似度较高的情境，通常这种情境随着时代的发展会有所变化。情境教学法一般是通过构建语言情境或视觉情境进行教学的。由于使用环境和对象的不同，因此即使是同一种语言和词汇，其具体的含义和内涵也是不同的。另外，透过具体情境中表达者的动作也可以使一些比较难懂的语言变得易于理解。所以将图片、实物、动作等运用到语言教学中，可以帮助学生通过形象化的认识，更好地理解和更快地掌握所学语言的运用规律。

（一）建构主义理论

让学习者到现实的世界和真实的环境中去体验和感受，进而完成对所学知识的意义构建和理解的理论观点，为情境教学提供了重要的理论依据。简单而言，情境教学是建立在建构主义理论上的，建构主义理论强调学习者不是单纯地从别人的讲解和介绍中获取经验而进行学习的，而是通过获取直接经验来进行学习的。具体操作步骤如下：第一，根据学习内容创设出一个在现实生活中可能会出现或出现过的情境。第二，明确教学内容，将创设的情境与实际教学目标相结合，选择与学习主题关系最为密切的类真事件或问题作为学习内容。第三，教师向学生提供一些解决问题的线索或方法，引导学生通过自己的力量自行探索、自行解决。第四，鼓励学生协作学习，采用交流、讨论等形式，促使学生取长补短，对自己、对问题有更客观、更全面、更深刻的认识。第五，通过观察和记录学生在教学活动中的表现，对学生做出科学的评价与及时的反馈。

（二）生理和心理学基础

从产生方式的角度来讲，人类一切心理活动都是一种反射，简而言之，外界刺激是引发人一切心理活动的源头，在神经系统的帮助下，人的心理活动呈现出一种规律性。正如著名学者谢切诺夫（Sechenov）所说的，人的心理活动实际是对外界刺激的应答活动。人类对外在世界的认识是通过感觉、知觉、记忆、想象以及思维等心理活动构成的。实践是认识的起源，认识又是感觉的终端。人自身的感受器决定人的感觉。人体感受器分为两种：一种是针对人体内部的感受器官来感受内部环境的各种变化；另一种是通过眼、耳、口、鼻以及皮肤来感受外部环境的变化。人有五感，分别是视觉、听觉、嗅觉、味觉和触觉。在实际的学习过程中，人的识记、保持、回忆和认知是人感觉、知觉、想象和思维等一系列心理过程的起源。

人类的认识开始于感觉，感觉是最简单的认识，是复杂心理活动构成的基础。而知觉高于感觉，只有产生了知觉才能有记忆、想象、思维等心理活动的形成。思维则是高于感觉、知觉和想象的高阶存在，对事物的认识更为理性。

（三）使用情境教学法的原则

首先，坚持以教师为教学主导，以学生为教学主体的原则。在实际的情境教学中，教师应秉持以学生为中心的原则来开展教学活动。即要求教师所创设的情境应与学生的需要相符合，将学生作为教学过程中的活动主体，将学生的表现作为教学效果的主要评价依据。教师要清楚认识到，情境创设仅是实现教学目标的工具，而不是教学本身。

其次，坚持充分互动的准确性原则。根据建构主义理论，学习过程应是一个知识构建的过程。在这个过程中，学习者能够反复充分地接触信息资源并逐渐将知识内化。这个反复接触的过程实际上就是一个互动的过程,而学习者的主体性和必要的环境支持就是此互动过程得以准确有效的基础。一方面,学习者通过必要的环境获得更多的互动机会来巩固和提升学习效果;另一方面,必要情境的创设以学习者的需要为出发点,是针对学习者的学习特性而创设出来的,可以促进学习者个性化发展的学习情境。

最后,坚持自主性原则。强化学生的主体意识,促使学生在情境教学中自主地设计角色、语言和情节。一方面,教师可以借助各种教学手段将学生的学习积极性充分调动起来,激发学生的学习动机,促使学生进行自我展示;另一方面,教师需要将教学与情境紧密地结合起来,以教材为基础,进行情境教学,以充分体现和发挥情境作为教学工具为教学服务的作用。

二、情境教学的一般流程

(一)教学初始阶段

在情境教学的初始阶段,教师要让学生预先了解所学内容的基本情况,从而保证在情境重现过程中,学生能够清楚地了解和掌握情境中的各个要素。举例来讲,在一个以同学聚会为主题的情境模拟活动中,学生需要了解同学聚会的场地、活动内容、参与人物等信息,还要能够熟练掌握一些相关词汇和语法等语言知识。同时,在此阶段还要注意的一点就是,不少学生往往还不能把所学的知识融会贯通、完全内化就迫不及待地想要对情境进行再次创造,这种急于求成而再现出的情境,仅是对原情境的简单模仿,并不符合情境教学的初衷。

鉴于此,教师在教学中应着重向学生强调情境的重要性,要求学生真正做到融会贯通之后再进行情境模拟。当学生能够基本完成初始阶段的简单情境模拟练习时,教师可以让学生尝试着进行更高级的情境模拟。这个阶段的模拟实际上就是让学生对情境进行再次创造的课外延伸。在这一阶段的教学中,教师可以让学生组成学习小组,通过小组合作学习的形式,让学生在情境中扮演不同的角色。学习小组成员在分工合作的过程中产生的交流,既有利于小组成员相互学习,对自身的知识进行补充,也有利于提高学生的自我认知能力与协作精神。

值得一提的是,这种学习小组的教学形式也可以用于情境教学的初级阶段,利用先进帮后进、相互互补的方式，激起学生对知识的渴望和内在的学习动力，使学生的学习积极性、创新性和团队意识得到显著提升。另外，教具、多媒体等教学手段在情境教学中的应用也可以使韩语情境教学的效果更佳，它能促进学生对韩语文化的认识。除此之外，为学生提供的语言实习基地，其对韩语教学的辅助作用更大，它能为学生营造出立体的教学环境。通过仿真率极高的情境而产生的切身体验，能让学生对韩语的学习兴趣更浓，学习积极性更高，有利于实现高效的韩语情境教学。

（二）任务准备阶段

就高校韩语教学而言，韩语情境教学设计的准备阶段主要是根据教学需要设计情境主题大纲，创设必要的学习情境，同时在该阶段教师还需向学生传授必要的预备知识并向学生做必要的情境示范。具体来讲有如下内容，第一，就学生而言，需要预先学习情境模拟教学中的有关教学内容，为接下来的情境模拟教学的具体实施做准备。同时，就教师而言，其需要根据教学需要设计情境主题与大纲，然后进行学习情境创设。学习情境创设，既要教学内容与学生的学习需求相适应，同时又包含在学生的真实生活中出现过的生活事件。教师在选取生活事件作为学习情境时应选择那些在学生生活中发生频率较高，被谈起的频率较高，能够激发学生参与积极性的事件。第二，情境教学的开展需要学生具备一定的知识基础，换言之，其要求学生能够将各知识点很好地联系起来，因而也要求教师创设出来的情境有更强的综合性和应用性，能够体现出对韩语听、说、读、写等多项技能的教学训练，所以除了要考虑知识点的系统性，还要考虑情境教学的可操作性，这样情境教学才有可能成功。

（三）教学实施阶段

在情境教学实施阶段，韩语教师首先需要将情境内容示范给学生看，让学生通过教师的示范，了解和熟悉情境的内容，当学生掌握大体的情境内容之后，教师可引导学生利用多媒体设备或其他教具和手段，将教师之前所示范的情境内容再现出来。在情境教学活动中，学生在完成既定学习目标的同时，学生的形象记忆能力和学习积极性也会获得不同程度的提高。教师在实际的教学中也可以根据教学情况，引导学生对情境进行再次创造，对情境教学内容做进一步的延伸，促使韩语教学由初级的模仿教学向综合型应用教学发展。在情境教学的实施阶段，适时地引导学生和给予学生韩语方面的学习支持是教师的主要任务，而学生则可以利用将情境教学放大的方式，根据自己对情境的认识和想法将情境再现。所以，在前期准备阶段，教师需要对自己所提供的情境进行充分考察，确保学生对情境有较强的熟悉感和兴趣，能够积极参与教学活动。

三、情境教学中师生的关系

在传统的韩语教学中，教师是教学的中心，是教学活动的主导者，学生的主观能动性和语言学习的创造能力被忽视和抑制；而情境模拟教学则是以学生为中心，注重培养学生的跨文化语言交际能力。这种教学方法要求教师除了具备扎实的韩语知识功底外，还要具备较强的跨文化交际意识。换言之，教师不仅要精通韩语，还要熟悉韩语，能够准确地掌握中韩两种语言之间以及两种文化之间的差异，能够在教学中及时地发现学生的错误并纠正。中韩文化在历史和地缘上有不少相似之处，虽然是类似的语言但在两个国家的使用领域上可能会有较大的不同，这需要格外注意和强调。所以在教学前，教师需要将可能在教学中发生的问题进行周密考量，观察和记录学生在教学中的表现。在情境教学结束后引导学生对教学中存在的问题进行积极的思考和探索。由此看来，教师既是情境教学中的组织者，也是教学中的引导者。教师根据教学目标需要采取学习小组的方式进行教学，引导学生运用所学知识进行综合性的演练。当情境教学结束后，学生在教师的引导下进行自评、互评等活动。需要注意的是，教师应从语言和文化的角度对学生的自评和互评进行点评和纠错，从而促使学生将所学知识内化。

四、情境教学中需注意的问题

虽然韩语情境教学相比传统韩语灌输式的教学方法更加科学、实用，但同时它对参与活动的教师和学生也提出了更高的要求。因此在具体的教学中需要注意以下几点。

（一）了解学生兴趣和语言储备

在学习情境的创设过程中，教师应了解每个学生的基本兴趣和发展方向，从而制定出情境中的角色,同时教师还要考虑语言文化知识与各成员之前的语言文化储备,让学生在角色互换的过程中相互学习、彼此提升。

(二)提高教师的组织能力

除了要设计出合适的学习情境,教师还需要组织学生进行生动的情境再现。因此,这就要求教师具备较高的专业素质,能够准确地把握课堂节奏,确保韩语教学的顺利、有效开展。

(三)及时反馈情境教学效果

情境教学不是简单的情境模拟和模仿,而是通过系统科学的规划,将各个环节紧密地串联在一起,以实际教学内容为出发点,通过合适、有效的教学手段引导学生自主学习和探索的教学方法。随着教学目标、内容、手段的改变,情境模拟的内容也会随之变化,因而这种教学方法具有较强的实效性和时代性。所以这也就要求教师要以学生的认知水平和素质水平为依据,对教学做适当的调整,同时根据学生所给出的教学反馈,对教学做阶段性的评价和总体评价,从而促进教学效果的提升和优质教学的实现。

第三节 交际教学法

一、交际能力的构成

对学习者语言交流能力的培养是交际教学法人才培养的目标所在。在系统化研究之后,语言学家针对学习者交际能力的培养,分析了教材与教师课堂活动之间的联系,并从这一研究结果实现了对交际能力构成的延伸。通过对交际能力的研究成果分析,我们将交际教学法的构成元素划分为实效能力、语言能力、目标能力以及演说能力等多个方面的内容。由于语言知识与能力培养之间有着明显的相关性,因此在具体的语言形式方面应当从学习者基本的母语规则出发,在实际使用过程中并不需要重点突出对其注意规则的研究,而是需要以存在的规则为基础实现对学习者语言能力的培养,其中就涉及学习者对句子结构、词汇拼读以及语法结构等相关内容的学习。

对于实效能力的理解通常包括两个方面的能力培养，即语内表现行为能力和社会语言学能力，除了需要明确学习者语言学习的目的外，还应当指导其在不同的社会环境和角色下完成自我语言角色的转换，这对于学习者语言表达能力的培养尤为重要。至于演说能力则是涉及学习者对于文章和对话的理解以及相关的综合能力运用问题，在可信的环境中突出交流氛围的融洽和开放。乔姆斯基将实效能力与语法能力视为认知状态形成的基本组成要素，其内容构成如图 4-3-1 所示。

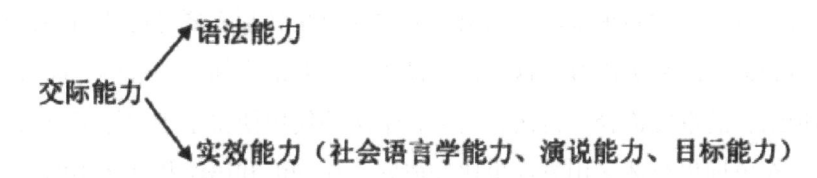

```
                   → 语法能力
    交际能力
                   → 实效能力（社会语言学能力、演说能力、目标能力）
```

图 4-3-1　交际能力内容构成

不难分析，复杂的技能体系和语言知识是交际能力主要涉及的内容，其中除了与学习者认知敏感性及社会文化背景相关联外，还与学习者的认知能力和语言知识有着密切联系。

二、交际教学法与传统教学法

相较于传统教学法而言，交际教学法的优势在于进一步实现了对语言学习交际目标的明确，在延伸传统教学优势的同时与学习者基本学习需求相满足。对于教育工作者而言，语言交际观点的形成是语言交际的核心内容，这对于教育者的语言课程内容设置以及语言知识的讲授都有积极影响，能在对教学单元和内容进行整合的过程中提高方法运用的有效性。换言之，教师在使用教材的过程中应当考虑到其中的知识运用问题，从而对学生的学习产生积极影响。

此外，教师在对附加活动进行设计时也应当考虑对应的话题情境或是语言情境的设置问题，这是密切联系知识与交际的重要途径。从学习者对于语言的掌握角度分析，语言的掌握过程并非简单的词汇和语法使用过程，其中还涉及语言的听、说、读、写以及语言知识的功能性运用问题，它是表达多种交流形式的有效路径。交际教学法的实施能使教师在必要的语法练习和活动场景中依据学生实际的学习情况作出相对应的教学方案调整，在真实的语言场景中培养学生的语言运用意识，这对于特定社交场景中学生语言交际能力的提升有积极的促进作用。

从实践过程不难分析，将交际能力培养视为语言教学的核心目标是交际教学法相较于传统教学法而言最为明显的特征，从这一优势出发，可就交际教学法的实施完成对应教学方案的构建，这对于满足学生实际学习需求有重要影响。首先，教师自身的交际态度是交际教学法的核心思想，这就使得教师在课程内容设置方面应当积极与学生自身的需求相联系，换言之，也就意味着在教材的运用过程中教师应当做好必要的补充工作，这对于学生学习需求的满足至关重要。其次，提前设计教学过程中的附加练习题和语言的选择也是教师需要考虑的问题，其中就涉及语境和话题的相关内容，这不仅有助于学生对语言知识的理解，同时还是语言和知识结合的重要途径。再次，交际教学法的使用使得学生加深了对语言知识的理解，在单词集合体运用方面也比较成熟，在词汇和语法相互运用的过程中能促进口头语言与书面语言的相互结合。最后，交际教学法的运用在语言学习中的体现主要从听、说、读、写以及实际交际能力发展方面有所体现，选择对学生交际能力发展有帮助的教材和适当组织相关的语言交际活动，都是提高学生语言交际能力的有效途径。

三、交际教学法在我国韩语教学的应用

我国高校课程教学的方法选择比较多样化，以韩语教学为例，在交际教学法正式运用前还有其他一些教学方法，如阅读教学法、翻译教学法以及听说教学法等。在传统教学方法当中，教材往往是整个教学的基础，而其中的主导地位通常由教师占据，传统教育主导下的韩语教学并不容易与社会文化发展步伐相适应。与此同时，语言习得作为传统教学方法的重心，主要是以词汇、语法和句子学习为主。20世纪80年代，全新交际教学理念的融入对于高校韩语教学而言是一次新的教学突破。在交际教学中，教学的重点不再是单纯的语言知识学习，它还强调教学要以学生为中心，培养学生的交际能力，通过在实际语言场景中培养学生的交际能力实现对传统教学法的补充，这对于学习者语言技能的发展大有裨益。

随着20世纪80年代中国改革开放政策的逐步实施，人们对于韩语学习的重视越发突出，其中韩语教学受到了高校教育者的广泛关注，这与现代社会发展步伐相适应。当大学课程仍被传统教学法主导时，一种全新的教学方法已然被引进大学韩语课堂教学当中，即从交际能力培养角度实现对传统教学法的革新，这

引起了国内教育家和语言学家的高度重视。在数十年的研究中，专家、学者关于交际教学法的应用展开了多种研究与实验工作，早在20世纪80年代，著名学者李观仪的论文著作中就提及交际教学法的研究问题，这在当时的韩语教学中引起了轩然大波，教育家和语言学家纷纷开始了对韩语教学中交际教学法的应用研究。

进入21世纪以来，人们对于高校人才培养规划提出了更为严格的要求，对应的人才培养计划除了应当具备必要的知识储备和专业领域知识外，还应当立足于自身专业素质的培养，强化自身的语言基本功，不断拓宽人才发展路径，以此为基础提高自我获取知识的能力以及实践创新意识，这是高校韩语教学在心理素质、文化素质和思想道德素质等方面培养人才的关键所在。

高校韩语教学的实施尤其需要关注语言交际能力的培养问题，韩语专业中的针对学生语言应用能力的培养，应当更加突出交际能力发展的必要性，这对于韩语教学研究有着积极的指导与促进意义。基于这一教学背景，在韩语交际能力培养方面，研究者越发意识到培养学生的交际能力对于韩语教学的重要意义，因而在高校韩语教学中也逐渐涌现出交际教学的身影。随着交际教学法的研究不断深入，国内不少教育工作者和语言学家也逐渐意识到交际教学法在语言教学中的应用优势，甚至不少学者选择去国外深入研究这一教学方法，并将其教学理念积极应用到国内高校韩语课程教学当中。

在交际教学法的应用方面，不同的国家也存在着明显的分歧，这一分歧最常表现在交际教学法的实施者与研究者之间，导致教学过程备受质疑。一些持怀疑态度的学者认为，交际教学法在我国高校韩语教学中的运用很难达到预期的交际目的，甚至在口头交际能力培养方面也难以与传统写作和阅读训练模式相比，这对于学习者整体知识水平的提高极为不利。因此，如何保障交际教学法运用的有效性和可行性，是现阶段高校韩语专业教学在应用交际教学法实施教学时需要切实考虑的问题。对倡导者而言，韩语教学中交际教学法的运用是与当代教学潮流相适应的一种选择，在保持教学一致的同时也使得高校韩语专业教学的实施更加多元化，这对于学生知识和能力的发展都有积极影响。从交际教学法的教学实践过程分析，一些存在的弊端与问题也使得交际教学法的实施备受关注，而教育工作者更为关心的则是，交际教学法运用于高校韩语专业教学的实效性及其实施过程的评价。面对全新的教学形势，如何针对高校构建有效的教学模式，是高校韩语教学在专业整合方面需要重点关注的问题，同时也是提高交际教学法实际应用效果的关键所在。

四、应用交际教学法的要求

（一）教师要转换自身角色

在交际教学法的课堂教学中，教师扮演更多的是共同参与者和管理者的角色，通过必要指导和评估措施来促进学习者知识的获得，这样的指导和评估过程比较主动，学生能通过自我语言活动的组织和持续的语言训练完成语言交际活动，这对于课堂教学效果提升以及学生交际能力的拓展都有积极的指导和促进作用。

除此之外，在交际教学法教学过程中，教师的角色还表现为顾问或是课堂活动的参与者，通过对学生客观行为表现作出对应评价达到鼓励学生的目的，这对于学生学习积极性的调动有积极影响，是活跃课堂气氛的有效路径。教师在授课过程中不能只进行单纯的教学内容选取和课程设置与安排，而要从教学活动引导以及课堂活动设计等方面体现自身的指导作用，学生在获得教师传递的信息的同时也需要完成相关语言信息的搜索，通过文化信息和社会信息的积累促进语言知识的发展。作为课堂教学的监控者，教师还需要适当监督学生的课堂行为，但要注意不要直接纠正学生的错误，否则可能会打击学生对于韩语课程的学习兴趣。

由此不难分析，交际教学法在高校韩语专业课堂教学中的应用所对应的教师角色是多样化的，除了语言呈现者与提供者外，还应当通过活动组织和教学材料的安排达到预期的管理目的，与此同时，还可以从团体活动组织以及活动监督等方面实现对学生学习情况的及时反馈。有学者指出，交际教学法在高校韩语教学中的应用应当尽可能体现教师角色与学生课堂学习之间的关系，通过本族语言引导学生习得知识，并对学生发音的准确性展开评估和纠正，这对于课堂活动组织效率的提高有积极影响，在师生共同协作的同时也是对语法协作功能的彰显。

值得注意的是，教师角色的转变应当与对应的教学策略相适应，在具体的教学任务选择与分配方面应当形成自身的教学风格，控制好教学进度，塑造自身在课堂教学中的组织者和指导者角色。不可否认，交际教学法在高校韩语专业教学中的应用，对于教师自身的专业素质提出了更高的要求，教师除了需要熟悉专业知识外，还应当从教学方法理论和实践等方面完善课堂教学情境的设置，切实提升韩语专业课堂教学质量。

（二）突出学生的主体地位

传统语言课堂教学中学生的角色往往被定义为被动的知识接受者，在学习方法选择方面更为被动，无论是课堂学习中的做笔记还是对知识的获取，基本是以教师的讲授为标准答案。学生往往是在固定的教学步骤下依据教师的指导来进行对应的机械化学习，这显然难以调动学生的学习积极性。在韩语单词记忆方面，单一的学习任务仅仅表现在语法学习和单词记忆方面，在学习的过程中学生的学习过程显得过于被动。

大学韩语专业教学中交际教学法的运用，使得学生的语言学习过程变得更加独立与积极，学生能够在不同的学习环境下完成交际任务，并在这一过程中获得更多的语言实践机会，提高自我语言实践能力。若学生的学习主动性得到激发，则对于学习过程的控制将更加有效。在参与课堂活动的过程中学生对于课堂活动的设计也能够从自身的兴趣出发，更加乐于对自身的学习过程负责，并且在责任意识的促使下提高语言知识应用的灵活性。在参与课堂活动的过程中学生能够依据自身学习需求来提出对应的建议，这也是教师需要重点关注的方面。从语言学习的角色划分角度分析，学生学习计划的制订应当以自身的课堂表现为依据，并通过对教学资源的整合达到预期计划，高校韩语专业的学生在交际教学法的应用方面有着显著的优势，在对应的情境课堂教学中更加有利于语言知识的传播。

（三）灵活地运用教材内容

从传统教学过程分析，书面课本是学生经常使用的教材和学习工具，并且其中大多会涉及词汇和语法的学习，陈旧的知识信息和落后的教学方式使得学生的语言知识接受过程比较缓慢和被动，这也是学生对书本知识感到索然无味的主要原因。一些倡导交际教学法的学者认为，学生在课堂教学所使用的教材应当与学生的实际知识经验相契合，在真实的和生活化的学习经验中做好材料的组织和整理工作，寻找教材中所涉及的真实生活素材，并将真实的语言交际情境与语言知识学习过程相结合，这不仅有助于学生对语言知识的理解，而且在对应的书面语言材料运用方面也更加灵活，在特定的语言交际情境之中学生的能力也将得到发展。无论是语言知识在对话中的应用、在会议中的应用还是在故事或是杂志中的应用，都是书面信息与真实语言环境的一种结合，在真实且自然的语言环境中激发学生的语言学习兴趣，对于学生的语言交际能力也是极大的提升。在调动学生语言学习兴趣后往往在对应的语言知识应用方面也显得更加得心应手。学生的学习主动性得到激发，且能够在真实的语言材料中发展自身的语言运用能力，在强化课内与课外之间联系的同时，也能促进学生在学习过程中自我意识的建立，在真实的语言材料下感受语言知识的应用魅力。

由此不难看出，在真实的语言资料交流过程中学生也能够更好地解决语言学习中存在的问题，并通过交际语言的沟通和学习来改正自身语言学习中存在的不足。教师也可依据学生的语言交际能力发展情况来调整教学手段，如相关的语用策略以及语法知识讲授等。

（四）精心设计语言交际活动

语言教学的实际效果与课堂活动之间的联系不容忽视，然而传统教学过程中教师通常在词汇及语法教学方面花费了过多的时间，学生的学习过程显得极为被动，相关的语言练习也仅仅局限于记忆和阅读活动以及句型练习等方面，鲜少的师生交流使得学生交际能力的发展受到了阻碍。交际教学法在高校韩语教学中的应用，旨在从交际能力及语言习得方面增强学生的语言应用意识，通过信息交换过程促进知识的讲授，其中交际能力及语言学习能力的发展是交际课堂构建的主要原因。

信息交换和信息差异是交际教学法研究学者在实际语言应用方面提出的教学任务，他们主张通过信息的交换和差异等途径促进学习者学习任务的完成，一些常用的交际课堂活动类型除了集体讨论和角色扮演外，还涉及对观点的说明和理由的说明等活动。在这些活动举办的过程中学生应当尽可能发挥自身的语言应用优势，通过独立思考等方式积极将自身的观点进行阐述，敢于参与教师和同学的交流活动，这对于学生自主学习意识的提高大有裨益。作为学习过程中的核心构成元素，交际活动的开展对于师生关系的融洽以及学生自主学习能力的提高都有积极影响，在这样一种人性化课堂氛围中增强学生的语言交际意识，既能促进学生语言应用能力的提高，也能巩固现有的课堂教学效果。交际教学法的应用除了能够促进课堂气氛活跃外，还能够改善师生关系，在合理的情境设置下促进语言知识的习得。

值得注意的是，高校韩语教学中交际教学法的实施，还应当从学生实际的语言交流方式及语言层次出发，根据学生在交际活动中存在的差异合理设计教学环节。

第四节　多媒体技术教学法

从 20 世纪末中国与韩国建立良好的合作关系之后，国内掀起了一股韩语学习的热潮，很多高校都开设了韩语学习的课程，并获得较好的成绩。现代社会的快速发展，大大提高了人们对于韩语专业人才的要求，而传统的韩语教学模式已经很难跟上当今社会发展的步伐。目前，多媒体技术与韩语教学课堂的结合在很大程度上提高了课堂教学效率，促进了韩语教学的发展，它已经成为培养杰出韩语人才的重要手段。

一、多媒体技术在韩语教学中的优势

采用多媒体技术进行韩语教学要先充分考虑到韩语教学的特点，找出多媒体教学和韩语教学的融合点，以便更好地进行韩语的教学。

（一）创设出真实的情境

在韩语教学课堂中，教师可以充分借助多媒体的作用，开展相应的教学活动。多媒体技术的应用不仅有利于教学目标的实现，还能够有效地提升课堂教学质量。教师可以借助直观的教学器材或是机械设备，通过图片、文字、视频的形式为学生创建相应的学习情境，营造出逼真的韩语应用情境，激发学生的求知欲望，提高学生学习兴趣，实现韩语教学课堂的目标。

（二）将模仿和练习有机融合

借助先进的多媒体技术帮助学生有效地学习模仿和语言练习。例如，学生可以利用多媒体软件自主学习韩语，在视频教学和音乐教学的前提条件下，能够切

实提高学生的学习效率，帮助学生学好基本的韩语问候语。

（三）使课堂学习更形象

传统的韩语教学课堂中，教师往往通过黑板板书进行教学，板书的时间较长而不能充分发挥出课堂教学的作用，不利于学生的学习。而多媒体技术的使用在一定程度上可以代替传统的黑板板书，并生动形象地向学生展示学习内容，突出教学的难点和重点，有利于学生学好韩语语法，切实提高课堂教学的质量。

（四）突出学生主体地位

韩语教学要充分重视学生的主体地位。多媒体教学最显著的特征就是坚持学生的主体地位，让学生能够在教师的辅导下采取相应的学习方法进行有效的韩语学习。例如，教师可以指导学生通过网络技术的途径进行韩语学习，网络学习的优势在于没有时间和地域的约束，同时网络资源十分丰富，方便学生随时随地学习韩语。

二、运用多媒体技术优化韩语教学

传统的教学方法已经无法满足现阶段韩语教学的需要。因此，教师可以通过课堂教学、学生自主探究和考核学习质量来完成教学计划，实现教学目标。

（一）借助多媒体技术，创新课堂教学模式

多媒体技术的应用打破了传统韩语课堂教学的模式，不仅体现出学生的主体地位，还提高了教师辅导教学的作用，有很大的发展空间。在正式进行课堂教学之前，教师可以借助多媒体技术搜索与教学内容相关的材料，并打印出来保证学生人手一份，做好课前准备工作。通过这样的方法，既能够顺利开展课堂教学活动，还能为学生的学习打下基础。同时，对于教材中存在的一些重点、难点，教师可以借助多媒体技术中的视频模式、图片模式进行有效的课堂教学。

网络资源库包含大量有关韩语学习方面的材料，有利于教师顺利进行韩语口语、听力的训练。教师可以指定某一个音频网站让学生收听或是让学生观看某一节目，这样的教学方法不仅不受时间、地域的限制，还能让学生接触到较为真实的学习材料，从而进行有效的韩语学习。另外，教师借助多媒体技术进行韩语听

力、口语的训练，可以避免学生受到教师本身口语发音的影响，规范学生的口语发音。网络资源库为学生创建了一个理想的学习环境，教师能够直接通过韩国的直播新闻或是韩国的学习网站开展阅读活动，切实提高学生学习韩语的积极性，实现教学目标。[①]

（二）利用多媒体技术，引导学生自主探究

一般情况下，课堂教学是最有效的一种学习方法，由于学生个体的差异，各自对知识的吸收程度是不相同的。多媒体技术的应用能够解决这一困扰，它通过引导学生自主探究，体现学生学习的差异性，促进学生个性化的发展。丰富多样的学习软件十分便于学生自主学习，如听力练习软件、口语练习软件和阅读训练软件等，能让学生自主进行韩语学习，从而提高韩语教学的质量。

（三）通过多媒体技术，考核学生学习效率

过去基本是用试卷考核的方式来考核学生韩语学习的成果，具有一定的片面性。而多媒体技术的应用，不仅是对传统考核方法的延续，还创造性地加入了视频、图片等考核方法，丰富了考核方式，提高了考核效果。

第五节 对比教学法

高校韩语专业教学中对比教学法的应用范围较广，涉及语音、词汇和语法等诸多方面。

一、对比教学法在语音教学方面的应用

作为语言教学的重要基础，语音是韩语课程学习最为基础的一个部分，然而在传统语音教学中却过于重视学生在语音理论知识方面的掌握情况，教师讲授语音课时基本是以辨形与辨音为主，通过一系列练习与比较来指导学生关注不同语音的发音差别，并以此为基础辅助韩语教学的实施。韩语元音发音时气流在通过

[①] 王春英."互联网+"下韩语教学资源平台的建设与共享初探[J].中国多媒体与网络教学学报（上旬刊），2023（5）：9-12.

口腔的过程中显然不存在阻碍，然而辅音发音时气流的通过却是受到阻碍的，因此，在整个元音教学中可就发音过程中的嘴唇变化以及舌位前后及高低位置进行调整，现将其发音比较罗列如表 4-5-1 所示。

表 4-5-1　韩语元音发音

舌位前后 / 舌位高低	前元音		中元音		后元音	
	展唇	圆唇	展唇	圆唇	展唇	圆唇
高	ㅣ	ㅟ	ㅡ			ㅜ
中	ㅔ	ㅚ	ㅓ			ㅗ
低	ㅐ		ㅏ			

除了韩语的元音教学外，辅助教学在发音方法以及发音部位方面也可进行总结和归纳，如表 4-5-2 所示。

表 4-5-2　辅助教学发音

按照发音方法 / 按照发音部位		双唇音	舌面前音	舌面后音	
破裂音	松音	ㅂ	ㄷ	ㄱ	
	紧音	ㅃ	ㄸ	ㄲ	
	送气音	ㅍ	ㅌ	ㅋ	
摩擦音	松音		ㅅ		ㅎ
	紧音		ㅆ		
破擦音	松音		ㅈ		
	紧音		ㅉ		
	送气音		ㅊ		
鼻音		ㅁ	ㄴ	ㅇ	
留音			ㄹ		

二、对比教学法在词汇教学方面的应用

高校韩语教学中的词汇教学是语言系统的重要元素之一，对比教学法在韩语

词汇教学中的运用不仅能够达到记忆单词和学习单词的目的，还有利于学习者韩语词汇量的扩充，这对于韩语词汇教学质量的巩固有积极的促进作用。

第一，固有词、汉字词和外来词教学。作为一种创制语言，韩语的特殊性需要从其来源进行分析，我们将韩语的来源划分为固有词、汉字词以及外来词三个方面。汉字词汇中的70%为固有词，这是韩语语言资料结构中的一种基础创制词汇，常见于韩语对话以及文学作品当中。汉字词是从汉语词汇或是韩语中产生的一种常见的韩语词汇类型，一般汉字词的出现常见于杂志或是报纸当中，汉字词的用量可达到50%。与此同时，汉字词与固有词的双系统也是韩语词汇中的重要组成方面，这一双重系统在使用过程中并不能够实现全部内容的相互转化。外来词是采用从外国借用的方式延伸而来的一种韩语词汇，随着外来词发展趋势的兴起，在室外广告和日常生活中的外来词用量有30%～50%。由此不难分析，教师在对韩语词汇进行讲解的过程中，可通过对相同含义的词汇进行对比讲解，以此达到扩充学习者韩语词汇量的教学目的。以下为常见词汇类型举例：

国家—나라（固有词）—국가（汉字词）

学习—배우다（固有词）—공부하다（汉字词）

手机—휴대전화（汉字词）—핸드폰（外来词）

妻子—아내（固有词）—와이프（外来词）

照相机—사진기（汉字词）——카메라（外来词）

第二，反义词和近义词教学。韩语教学中也涉及大量意义相近或是意义相反的词汇教学。反义词如：길다（长）—짧다（短），깊다（深）—얕다（浅），좋다（好）—나쁘다（坏），쉽다（简单）—어렵다（困难）等。近义词如：表示"冷"含义的单词有춥다，차다，싸늘하다，써늘하다，썰렁하다，차갑다，시원하다等。

第三，多义词教学。所谓的多义词是指相同的词汇存在两个或以上不相同的含义，然而其词源方面却表现出潜在的联系。一般多义词当中都存在一个本义，其余则表现为引申含义。例如：

가다（自动词）

A. 회사에 가다. 去公司。

B. 하늘에 구름이 <u>가다</u>. 天上云彩浮动。

C. 봄이 <u>가다</u>. 春天过去了。

D. 큰 손해가 <u>가다</u>. 受到很大的损失。

E. 생선의 맛이 <u>가다</u>. 鱼变味道了。

F. 유리에 금이 <u>가다</u>. 玻璃有裂痕。

G. 이미 저 세상으로 <u>가다</u>. 已经去世了。

三、对比教学法在语法教学方面的应用

作为韩语语言运用衡量的组成部分之一，语法知识的掌握情况直接关系到高校韩语专业教学的实施效果，同时也是实际运用语言的关键所在。对比教学法在韩语语法教学中的应用较为普遍，相较于传统灌输式语法教学模式而言，对比教学法的运用更加有利于激发学生的自我思考意识，加深学生对语法知识的理解。

第一，语言结构比较。相较于汉语语序而言，韩语的基本语序一般为"主语+宾语+谓语"，即所谓的"SOV"结构。比如：

나　　　신문　　　보다

S　　　　O　　　　V

我　　　看　　　报纸

第二，同一语法多种意义比较。这一部分教学可先由教师向学生介绍具体例句，并指导学生对其中的规律进行观察与分析，然后以此为基础对语法规则展开归纳，这将有利于学生对语法知识的掌握和运用。比如：

（으）로：

A. 교통사고로 죽은 사람이 매년 늘고 있어요.

因为交通事故死亡的人数每年都在增加。

（表示原因）

B. 이 옷이 양털로 만들어서 정말 따뜻해요.

这件衣服是用羊毛做的，非常暖和。

（表示某种动作作用的工具、材料和手段）

C. 은행이 오른쪽에 있어요, 오른쪽으로 가세요.

银行在右边, 请往右走。

(表示方向)

由此可见, 在对多个意义相似的语法展开比较时, 学生更加易于完成对特定语法现象的总结与归纳。这有利于学生在夯实自身语法知识结构后达到流畅的语言交际目的。比如: —(으)면, —다면, —았/었/였더라면, 如表4-5-3所示。

表4-5-3 —(으)면, —다면, —았/었/였더라면

	对一般性、反复性事情的假定	对过去的假定	对现在的假定	对未来的假定	希望
(으)면	O	O	O	O	
다면	X	O	O	O	O
았/었/였더라면	X	O	O	X	X

注: 即便在"—(으)면, —다면, —았/었/였더라면"均能够使用的前提下, 其现实的可能性程度也存在一定差异。以现实的可能性为依据来安排, 其顺序依次为: "—(으)면" > "—다면" > "—았/었/였더라면"。

例句:

A. 저는 이번 방학 때 여행가연 좋겠어요.

这次放假能去旅行就好了。

B. 회사에서 승진한다언 한턱낼게요.

在公司升职的话就请客。

C. 내가 한국에 안 왔더라면 지긍쯤 어디에 있을까?

我如果不来韩国的话, 现在能在哪里呢?

从教学实践分析, 对比教学法在高校韩语教学中的应用较为广泛, 从上述例句中, 我们也不难感受到对比教学法在韩语教学中的应用优势, 它在突出语言教学实效性的同时也更多地将教学重点置于语言异同的比较方面, 这更加有利于学生思维的扩散和学习兴趣的激发, 能从根本上促进韩语教学质量的提升。

第五章　韩语教学的组织与实施

本章主要论述韩语教学的组织与实施，主要介绍了五个方面的内容，分别是课程设计与大纲制定、教材的编写与选用、韩语教师的基本素质与培训、课堂教学、测试和评估。

第一节　课程设计与大纲制定

韩语教学具体实施过程中有两个重要概念：一是课程设计，二是大纲制定。两者的具体分工在不同的学者之间存在着不同的看法。有人认为，课程设计与大纲制定只是术语使用上的不同，其实两者都是对韩语教学的目的、方法和过程的描述或规定。因而，在有些学者的著作中，课程设计和大纲制定是互相通用的。但是另一部分学者认为，课程设计与大纲制定是韩语教学组织过程中的两个不同概念，应该严格加以区分。

一、韩语课程设计

（一）韩语课程设计的概念

坎德林（Candlin）认为，课程设计主要是对语言学习的性质、目的、过程、评估、教师和学生的作用等问题做出的一般阐述；而教学大纲则是对教师和学生课堂实践的描述和记录。这种描述和记录可以作为以后对课程设计进行修改的依据。努南（Nunan）认为，课程设计主要负责教育项目的计划、实施、评估、管理和行政工作；而教学大纲制定的任务则主要集中在教学内容的选择和分级上。按照努南的这种看法，大纲制定其实是课程设计中的一个组成部分。

（二）韩语课程设计的阶段

杜宾（Dubin）和埃利特·奥尔斯廷（Elite OIshtain）认为，课程设计主要包括以下几个阶段。

第一，了解事实阶段，即对各种社会因素进行调查，调查的结果可以帮助确定韩语教学的基本环境，如学习者的情况、师资情况、韩语课程的必要性、韩语课程实施的地点和方法等。

第二，确定课程设计和大纲制定的理论和实践依据，课程设计者在对韩语的社会和个人需求进行分析之后，可以确定切实可行的教学目标。

第三，将教学目标转化为教学计划，确定教学目的、教学内容，即制定韩语教学大纲。

第四，准备教学材料，编写教材。

在杜宾和奥尔斯廷看来，课程设计包含大纲制定，大纲制定是课程设计的一个阶段。可见，韩语课程设计就是对韩语教学的整个过程进行计划，并对其实施情况进行监督和干预。贝尔（Bell）指出，一种理想的课程模式应该是在实践过程中不断完善、不断进行自我调节的。他将这种模式称为"调节式系统"，如图5-1-1所示。

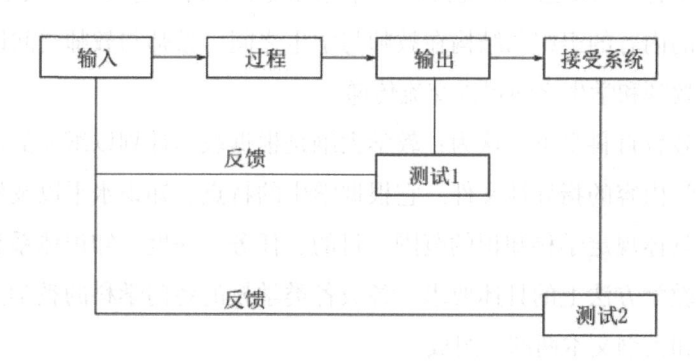

图 5-1-1　调节式系统

图 5-1-1 中，"输入"表示语言材料的选择、学习者的选择等；"过程"表示实际教学培训的过程；"输出"指经过培训后的学习者；"接受系统"指社会、用人单位或公司。这一模式的优点在于有两种测试可以给课程设计者提供反馈。"测试1"通过学习者给课程设计者提供信息反馈；"测试2"通过社会、用人单位或

公司给课程设计者提供反馈。通过这两种测试获得的反馈信息为课程设计者修正和改进组织模式提供了极为重要的依据。因此，优秀的课程设计者总是在不断总结已有的经验教训和借鉴新的、科学的理论和方法，不断调整和改进课程设计的每个环节。

在我国，社会和个人对韩语的需求是多方面、多层次的，但是，尚未有人对此进行过比较全面和系统的调查。这也是我国有关行政部门和高校韩语教学政策制定和组织实施中存在着许多主观性、随意性、盲目性的原因之一。我国部分高校的韩语教学仍然存在着不顾学习者和社会的实际需求、没有明确的教学目标、不讲教学方法的情况。因此，我们不但要做大量的有关课程设计和大纲制定理论方面的宣传和普及工作，还需要建立一套完善的韩语教育课程设计审查制度，逐步杜绝没有明确教学目标和要求的韩语课程。

二、韩语教学大纲制定

（一）教学大纲的概念

《教育大百科全书·课程教育技术》将教学大纲定义为：教学大纲是课程内容的总体组织者，无疑也是正规教育最古老的教学工具。通过教学大纲这种媒介，计划要学习的内容的组织和结构在教师与学生之间、教师与教师之间以及教育制度的权威与教师和学生之间得以交流传递。

《中国教育百科全书》认为：教学大纲是根据教学计划以纲要的形式编写的有关学科教学内容的指导性文件。它根据学生的特点、知识水平以及发展学生智力的需要，具体规定学科知识的范围、目的、任务、深度、知识体系和结构、教学时间以及教学方法上的具体要求。各级各类学校的各门学科的教学大纲，一般由说明部分和大纲文本两部分组成。

以上关于教学大纲概念的界定，有较多相同之处，都强调教学大纲是指导某门学科教学实施的纲领性文件，对该门课程有序地教学起着关键性作用。笔者认为，教学大纲是根据教师的教学计划，对所教学科教学内容进行规划的指导性文件。它一般包括一门课程的教学目标、教学内容和教学范围、学时、学分、教学方法、考核方式、教材等，是教师进行教学和学生进行课程学习的指导依据。

(二)韩语教学大纲基本要素

教学大纲构成要素比较广泛,纵观各高校教学科目的教学大纲文本可知,教学目标、课程设置、教材选用、教学方法及教学评价为构成教学大纲的基本要素,所以本书主要选取大学韩语教学大纲组成要素——教学目标、课程设置、教材选用、教学方法、教学评价这五方面进行分析。

1. 教学目标

第一,掌握韩语字母发音、拼读规则、字母书写;了解韩语体词和谓词的词性变化以及相应意义;掌握300个单词,使学生具备用正确语音熟练朗读韩语文章的能力。

第二,学习韩语基础词汇、语法和基本阶称;掌握部分常用句式的惯用表达和习惯性用法,使学生能基本听懂日常情境下的韩语对话,能在日常口语交流中使用基本词汇和句式正确表达思想,能依靠工具书对简单文本进行中韩互译。

第三,使学生对韩语体系有清晰的认识,掌握韩语的学习方法和规律;拥有自主学习韩语的能力,能与韩国人建立联系并与其进行基本交流,能初步进行跨文化交际,能在对外交流中宣传中国文化和中国的核心价值观。

第四,激发学生的爱国主义情怀,提高学生人文素养;加强其对不同国家语言和社会知识的掌握,尤其是对我国重要邻国韩国的了解;拓宽学生服务社会的领域和进行对外交流合作的空间;使学生具有中国情怀、国际视野,能提升国家形象。

2. 课程设置

高校韩语课程设置通常包括以下内容。

第一,韩语基础课。主要教授韩语的基本词汇、语法和语音知识。

第二,韩语进阶课。在韩语基础课的基础上,进一步提高学生的韩语能力。

第三,韩语口语课。通过模拟真实情境,让学生在沉浸式的学习中提高口语水平。

第四,韩语听力课。通过听力训练,提高学生的听说能力。

第五,韩国文化课。让学生了解韩国的文化和社会,包括韩国的历史、文化、音乐、电影、美食等。

3. 教材选用

高校韩语教材的选用应该根据具体情况和实际需求进行选择,同时应该注重教材的实用性和趣味性，以及它对教学的适用性和高质量使用价值。常见的韩国语教材有《标准韩国语》《首尔大学韩国语》《新标准韩国语》和《韩国语基础教程》等。

4. 教学方法

外语教学法经历了以翻译法、直接法、听说法、认知法、交际教学法为里程碑的五个重要发展阶段。教学方法的研究主要集中在——在高校韩语教学中，培养学生不同的韩语技能应该结合不同的教学方法。

5. 教学评价

目前，我国对高校韩语教材的研究主要集中在三个方面：第一，高校韩语教材的编写。新一代韩语教材必须体现实用性、主题化、重内容、立体化、以学生为中心等编写原则。第二，高校韩语教材的评估研究。第三，高校韩语教材的使用效果研究。

第二节　教材的编写与选用

一、韩语教材的编写

教材的编写是与一定的教学目标相结合的。根据不同的教学目标，选择恰当的语言材料，再根据学习者的特征和学习方式等因素，对材料的编排顺序和方式进行控制（分级）。从教材编写的具体实践角度出发，韩语教材的编写应该遵守以下几个原则。

第一，真实性原则，所选的语言材料能真实反映目的语社团的语言使用情况。

第二，循序渐进原则，语言材料的选择和练习的编排要遵循从易到难、从旧到新、从简单到复杂的原则。

第三，趣味性原则，语言材料要有趣味，要让学生在轻松愉快的气氛中获得知识。

第四，多样性原则，语言材料要选择各种不同题材、体裁和语域的文章。

第五，现代性原则，语言材料要尽量贴近现实生活，让学生学习现代语言。

第六，实用性原则，教材的编写要与教学目标密切契合，能适应社会和使用者的需求。

我国韩语教材的编写尚处于薄弱环节，虽然出版了一些好的教材，但仍不能较好地满足我国庞大的韩语学习者队伍不同层次的需求。因此，我们应该借鉴吸收国外优秀的韩语教材编写理念和方式，并结合我国实际情况来编写韩语教材。

（一）对接应用韩语专业教学标准

教材作为课程的重要体现，在编写过程中要对接应用韩语专业教学标准课程的设置要求，尤其是专业核心课程，要依据国家专业教学标准对主要教学内容的要求进行科学编写。例如，专业核心课程韩汉翻译实务，对主要的教学内容做了明确要求，即韩汉笔译、口译基础理论知识与技巧，企业产品、技术资料翻译，企业日常对外文书翻译，企业生产现场翻译，企业会议现场翻译，企业客户参观接待陪同翻译，翻译人员的商务礼仪及职业规范等教材，应针对高校学生的实际情况进行编写。

（二）实现素质、能力和人格的统一培养

韩语教材编写与课程一样，都要为人才培养目标服务，高校韩语专业教学标准对专业人才的培养目标是培养能够践行社会主义核心价值观，德、智、体、美、劳全面发展，具有一定的科学文化水平，良好的人文素养、职业道德和创新意识，精益求精的工匠精神，较强的就业创业能力和可持续发展的能力，掌握本专业知识和技术技能，面向商务服务、批发零售等岗位群，能够从事韩语相关的商务翻译、国际贸易、跨境电商、涉外旅游等工作的高素质技术技能人才。韩语专业人才培养目标对学生的素质培养、能力要求和价值塑造提出了明确要求，教材的编写要围绕专业人才培养目标。

韩语专业培养的是以韩语为工作语言，从事商务、旅游、生产企业的基层管理的高素质技术技能人才，学生应掌握韩语听、说、读、写技能，具备中级韩语交际水平，能够跨文化交流与沟通。韩语教材编写对应的课程目标，编写的内容既要满足语言知识、语言技能和文化认知的要求，还应关注学生的人格塑造、职业精神，并要将学生的身心发展放到重要的位置。

现在全国都在推进课程思政建设，韩语教材内容编写更要重视课程思政建设，

教学材料选择上应体现社会主义核心价值观、家国情怀、文化自信，以及做人做事的道理、社会道德与伦理等内容，让学生在语言、文化和职业学习过程中，形成良好的人文素质和职业素养。

（三）教材内容注重融入中韩两国文化

教材内容注重中韩两国文化的融入，能培养学生的跨文化交际能力与文化思辨能力。韩语教材内容的选材以前更多关注的是韩国的生活、文化，语篇往往采用韩国的原版对话、原版文章，主题创设的情境也都是以韩国的场景为主，缺乏本土化的改造，学生在学习韩语的时候更倾向于还原未曾体验的环境与文化背景，不能灵活地进行语言的实践，而且单向植入韩国文化元素，对于学生的价值塑造也有一定的影响。

韩语教材编写应该汲取中韩两国的优秀文化，让学生在学习韩语的同时，能够文明互鉴，提升文化思辨能力。因此韩语教材编写更要关注中国的生活、文化场景，展现的话题应该体现中国的社会主义核心价值观，培养学生的文化自信，用韩语讲好中国故事。例如，《基础韩语》教材分为1~4册，从韩语入门、初级到中级的递阶，可以将社会主义核心价值观的个人层面、社会层面和国家层面分别融入入门到中级阶段的韩语学习中，如将个人层面的"爱国、敬业、诚信、友善"融入《基础韩语》第1、2册，将社会层面的"自由、平等、公正和法治"融入《基础韩语》的第3册，将国家层面的"富强、民主、文明、和谐"融入第4册。从而让学生在学习韩语的同时，能够树立正确的理想信念、社会公德、职业精神。在基础韩语的四册教材中，对应选择韩国文化内容，让学生在不同学习阶段了解和体验韩国文化，并且能够理性地分析不同文化的特点，提升他们的文化思辨能力。

教材内容选择上也要经过谨慎思考和科学选择。一是中韩两国文化有相似之处也有不同之处，选择的主题一定要具有中韩两国的代表性，体裁可以多样化，但要注重实用性、实践性和应用性，做到语境逼真、语料真实，为学生创设更加真实自然的外语环境。二是要具有时代性，内容切近学生的年龄认知阶段、学习兴趣，设计灵活多样的学习任务，让学生在互动、活动和行动中去提升学习的动力与积极性，从而实现语言学习与实际应用的有效结合，提升韩语学习的效果。

（四）开展多模态韩语教材编写

数字化时代的到来极大地推进了教育的发展与变革，对外语教学来说，传统的书本教材和外语声像资源，已经不能满足学习者多样化、高效性的学习需要，多模态外语教材已成为当下教材开发的主流。由多种模态包括图画、声音、视频及文字等共同组成的外语教材，极大地提高了学生学习外语的兴趣与参与度。

对于零起点的韩语学生来说，韩语入门的初级阶段非常重要，教材的趣味性、丰富性、便捷性等特点能够激发学生的学习动力和持续性，能够帮助学生顺利进入韩语提升阶段的学习。例如，在编写《基础韩语》第1册教材时，设计彩色插图、音频、教学课件、学生自学用的应用软件、同步测试题库，以及结合知识点录制的微视频等形式多样的教学资源，能满足学生对泛化的、个性化学习的需求，实现教学信息跨时空共享和实时互动。另外，韩语多模态教材的开发也要体现教学资源的视觉化和便捷性，视频资源是韩语多模态教材开发的重要部分，它是增强韩语教学效果的主要资源，通过静态图片和视频结合的形式呈现，方便学生通过手机等移动终端实时学习浏览。视频教学内容要体现思想性、趣味性、时代性，既要弘扬主旋律的教育思想，又要适当满足学生颇有时代特征的轻松愉快的多元化学习需求。

二、韩语教材的选用

高校韩语教材的选用应考虑以下几个方面。

第一，教材内容与使用者的匹配程度。高校韩语教材应该根据学生的实际需求和学习目标进行选择，教材内容应该与学生的学习阶段和水平相匹配，同时应该具备实用性和趣味性，能够引起学生的兴趣和学习动力。

第二，教材内容的难易程度。高校韩语教材应该根据学生的实际水平进行选择，避免过于简单或过于复杂。过于简单的教材无法满足学生的学习需求，而过于复杂的教材则可能使学生感到困难和挫败。

第三，教材的编写质量和教学适用性。高校韩语教材应该由具备丰富经验和专业知识的编写团队编写，并且应该根据实际教学情况进行不断修订和完善。同时教材应该具备教学适用性，能够为教师提供充足的教学资源，帮助学生更好地掌握韩语知识。

第四，教材的版式设计。高校韩语教材应该具备美观的版式设计和清晰的字体排版，能够吸引学生的注意力，同时方便教师进行备课和授课。

第三节 韩语教师的基本素质与培训

一、韩语教师的基本素质

（一）符合要求的学历资质

要成为一名大学韩语教师首先需要具备的条件是高学历。一般来说，至少需要拥有硕士学位，一些高水平的大学可能还要求博士学位。韩语教师需要在硕士学位的基础上，不断深造，以提高专业知识和教育水平，这样才能在竞争激烈的大学韩语教师市场中脱颖而出。

（二）精湛的语言水平

除了高学历，要成为大学韩语教师的另一个必要素质是精湛的语言水平。对于韩语是母语的申请人，需要有出色的韩语能力；而对于韩语非母语的申请人，则需要具备高级汉语水平，以便更好地与韩语是母语的学生沟通交流。这也是大学韩语教师能够提供高质量教育的前提。

（三）优质的教育背景

要成为一名大学韩语教师，教育背景也是非常重要的。类似于高等学院有韩语文学、韩国语言文化和教育专业等硕士和博士学位一样是一种加分项。同时，具有相关的教育背景，既能了解学生的学习习惯和特点，也能够帮助教师更加有效地教学。

（四）丰富的教学经验

除了教育背景外，教学经验也是成为大学韩语教师的重要条件。经验丰富的教师能够更好地理解学生的态度、个性、学习习惯和遇到的困难等，同时也可以避免很多小错误的产生。拥有丰富教学经验的教师还可以教授更高级别的课程，满足不同层次学生的需要。

(五)综合素质

要成为一名大学韩语教师,除了上述素质外,还需要一些综合素质,包括但不限于良好的师德、亲和力、沟通能力、团队合作能力、教学革新意识以及对学生学习的关注和帮助等。综合素质可以帮助教师与学生之间建立良好的互动关系,促进学生的学习成长。

二、韩语教师的培训

(一)韩语教学能力培训

教学能力培训就是以提高韩语教师的教学能力为目标展开培训,主要包括教学理论、教学实战、教学研讨和教学评比四大类。教学理论方面可以组织教学理论、韩语教学法、教师与学生沟通技巧的培训,理论的培训为高校韩语教学的改革指明了方向、开阔了思路、转变了理念、提高了认识、明确了目标。教学实战可以组织韩语课件制作与实训、慕课与微课、精品课程建设的培训,让韩语教师在教学培训中动起来,学会在实际操作中使用先进的教学设备,利用网络整合和开发教学资源,充分发挥信息技术在韩语教学中的作用。

(二)韩语专业能力培训

专业能力培训目的在于提高教师自身的韩语水平和能力,韩语教师作为二语学习者也需要不断学习,以掌握更加全面的语言知识,从而更好地为教育教学服务。专业能力培训集中在听说能力和翻译能力方面。听说培训方面采用培训和取证相结合的方式,邀请专家对韩语教师展开发音、词汇、语法和交际技巧的练习,鼓励教师参加社会资格考试,社会资格考试的成功引进,对提高高校韩语教师的专业能力起到了良好的推动作用。翻译包括口译和笔译,可以邀请高级翻译师为韩语教师展开讲解和演练,在翻译培训中,韩语教师可以学习翻译的理念,进行翻译练习,以促进韩语能力的提高,锻炼翻译能力,为教学打下坚实的基础。

(三)韩语科研能力培训

科研能力培训旨在提升韩语教师的教学能力和科学研究能力,对教师的发展有很强的促进作用。科研培训主要包括课题研究、教材出版。课题研究分为教育教学改革课题和科研课题，每项课题均设有选题讲座、立项培训、开题报告、课题研究讲座、中期研讨、结项汇报等步骤，实行"一对一"的帮助和指导，以促进教师科研能力的提高。教材出版培训包括教材征集、主题研讨、编撰培训、教材评审等内容，教师根据各自院校的学生情况，结合多年的教学资料，创新教学理论及方法，在教材性质、编写思路、选材内容、适用对象及使用范围等方面展开研讨培训。

第四节　课堂教学

一、课堂教学的重要性

韩语教学的具体实施过程主要在课堂。课堂是教师和学生交流的主要场所，是教师了解学生学习需求、协调学生学习行为、保证语言输入质量的地方；同时也是学生获得主要的、可理解的目的语，如教材内容、教师语、同伴语等的重要场所。

普通教育学和传统教学法主要强调课堂活动的形式和组织方式，而近年来一些新的韩语教学理论主张把注意力集中在课堂活动的目标和质量上。

二、传统课堂教学模式

韩语教学的实施有五大过程，即需求分析、课程设计、教材开发、课堂教学、课程评估。在这五个过程中，课堂教学是最重要的，韩语教学目标的实现，必须通过课堂教学来进行。其次，对许多中国学生来说，课堂是其接受韩语输入的最主要场所，对部分学生来说甚至是唯一的场所。最后，韩语课堂教学不单是学生接受韩语输入的地方，更重要的是，它还是学生接受学习策略培训、学习行为得到评估的重要场所。

（一）传统课堂教学模式的缺点

传统韩语课堂教学的基本模式是"PPP"模式。"PPP"分别代表了"讲授""练习""输出"。这一模式虽然有简洁、易操作等优点，但它的缺点也不容忽视。

1. 以教师为中心

首先，在讲授过程中，教师有绝对的权威。教师是所有课堂教学步骤的决定者和主要执行者。其次，在练习过程中，学生往往是被动地按照教师的指令，对某些讲授过的语言项目进行操练。最后，在输出阶段，学生通常是严格按照教师的要求，说出或写出与操练过的语言项目有关的语言形式。总之，PPP 模式以教师为中心，忽略了学生的实际需求，学生真正参与语言交际的机会不多，我们应该引起重视。

2. 学生缺乏足够的输入

因为考虑到要在有限的课堂时间内尽量多地教给学生相关的语言知识，教师备课时往往会把更多的注意力放在语言知识上，导致上课时，主要的时间花费在了语言知识的讲授上。学生在课堂上接触到的是大量的语言知识，或者是语法分析，而不是实际的语言交际活动。因此，学生在 PPP 模式的课堂中接触到的是非常有限的韩语输入，这并不利于学生对韩语的应用。

3. 在学习方法上误导学生

PPP 课堂教学模式的一个直接后果是，在很大程度上误导了学生对语言学习本质的理解，误导了学生学习韩语的方法。由于 PPP 课堂教学模式过分强调语言知识的呈现，学生就误认为只要掌握、记忆了语言规则，就可以把这些规则直接应用到语言交际中，误以为语言学习就是一个学习语言知识、记忆语言规则的过程。并且，由于现有的许多韩语水平考试也主要考查语言知识，又进一步加深了学生对语言学习本质的误解。这实际上也是一些学生在韩语学习上呈现出"高分低能"的一个重要原因。

（二）对传统课堂教学模式的误解

从语言学和语言教学理论角度看，PPP 教学模式源自对有关语言学习本质的误解。这些误解包括以下方面。

1. 学生按照教师所教的顺序习得韩语

一般认为，结构相对简单的语言项目，学生学起来也比较容易。因此，传统的韩语教材和课堂教学主要就根据语言知识的复杂程度来编排：结构简单的语言形式先教，结构复杂的一般安排在教学的后阶段。由于 PPP 模式忽略了学生的需求，教师主要根据自己的判断组织教学，这样的教学其实并不符合学生学习的实际顺序。因此，韩语教学应该建立在对学生学习韩语的特点和规律基础上，而不能仅凭教师自己的主观感觉。

2. 语言仅仅是一个知识的系统

PPP 模式对韩语教学本质的另一种误解就是把语言仅仅看作一种语言系统，这一系统主要由语法和词汇构成。其实，语言绝不仅仅是一个由语法规则和词汇组合起来的知识系统。"语言能力"是一个涵盖范围极广的概念，不但包括语法能力（即组词成句的能力），还包括社会能力、话语能力、策略能力等。因此，仅仅通过学习语法和词汇就期望能够成为某一语言的准确使用者是一种十分错误的想法。

3. 语言知识会自动转化为语言技能

与前面一个误解有关的是语言知识与能力之间的关系问题。PPP 模式认为，只要有了语言知识，这些知识就能在实际的交际过程中得到使用。知识可分为"陈述性知识"和"程序性知识"两种。课堂上教师讲授的语法和词汇知识仅仅是陈述性知识，这些知识几乎不能自动转化为语言技能。纯粹知识的讲解、记忆对获得实际的语言交际能力基本上起不到关键作用。

4. 仅靠课堂教学就能培养语言交际能力

PPP 模式对语言学习的本质还有一种误解，就是认为仅靠课堂教学就能培养学生的语言交际能力。语言学习，尤其是韩语学习，需要大量的语言输入和阅读实践。由于课堂教学时间有限，根本无法保证学生摄入足够的语言输入和阅读实践。学生的韩语阅读能力只有依靠大量的课外阅读才能逐渐培养起来。因此，仅靠课堂上的一点输入和练习根本无法保证学生获得真正的交际能力。

三、韩语课堂教学模式的改革

通过分析传统的韩语课堂教学模式，我们提出一个全新的韩语课堂教学模式。这一模式与传统韩语教学的 PPP 模式最大的区别在于，它不是一套具体的操作程序，而是一系列有关韩语课堂教学基本功能和目标的描述。

（一）韩语课堂教学新模式的设想

通过分析传统的韩语课堂教学模式可以看出，韩语教学改革的关键一环就是彻底改变 PPP 的课堂教学模式。这就要求我们首先对课堂教学的基本功能进行彻底反思，让韩语教师真正意识到韩语课堂教学在整个韩语教学过程中的作用，真正把课堂变成了解学生需求、满足学生学习需求、帮助学生学会韩语的场所。接下来探讨有利于学生学习韩语的重要条件。

1. 培养学生的兴趣

学生进入韩语课堂时，本来可能就带有一定的兴趣和动机。一方面可能是对韩语和文化的自然兴趣，另一方面可能是源自对韩语作为一门重要的学习课程或作为一门升学、择业、晋升等重要评价标准的课程的重视。前者被学者称为"综合性动机"；后者被称为"工具性动机"。研究表明，这两种动机都能促进韩语学习，但前者更为持久、有效。因此，韩语课堂教学的一个重要目标是不断激发和保持学生学习兴趣，同时，尽可能帮助学生将学习韩语的工具性动机转化为综合性动机，即对目标语及其文化本身的兴趣。

2. 提供真实的语言输入

语言输入包括语言材料和教师在课堂上的语言使用。调查发现，很多教师只是使用目的语组织课堂教学，很多学生只有在课堂中才能真正接触活生生的韩语。因此，在课堂上教师用韩语和学生进行交流就是重要的韩语实践活动。这样，教师在课堂上使用的语言就是学生模仿和学习的重要样本。教师与学生的交流更应该注重用韩语与学生进行思想的交流和信息的沟通。这种真实交流就成为学生学习韩语的一个重要语言输入。这就对教师使用韩语的能力提出了较高的要求。关于教师课堂语言的基本功能与交际功能应得到应有的重视和研究。

3. 优化韩语学习策略

韩语学习策略的研究在过去的二十年时间里一直是一个热门话题。研究表明，成功的韩语学习者往往是成功的学习策略的使用者。学习策略包括认知学习策略和元认知策略。后者主要指学生计划、安排、调节和评估自己使用认知策略的能力，这对韩语学习的成功更为重要。一些实验也证明，通过对学生元认知策略的培训，学生，尤其是原来韩语基础不太好的学生能有效地改善学习方法，提高学习的质量。因此，帮助学生了解并使用相关的韩语学习策略应该是课堂教学的一个重要组成部分。

4. 帮助学生克服学习中的困难

根据经验，学生学习韩语的困难主要集中在习惯用法、语用知识和相关的社会文化背景知识方面。因此，在课堂教学中，教师应该在这些方面尽量给学生提供相应的帮助。除了对学生的学习困难进行预测外，更重要的是经常对学生进行需求调查和分析，以针对不同学生不同的学习困难提供及时的帮助。

以上简要介绍了我们设想的新的韩语课堂教学模式的内容。显而易见，与传统的PPP模式相比，新模式最大的特点是它不是由一套机械的教学步骤所组成，相反，它体现了一种全新的课堂教学理念。一切韩语课堂教学活动要对教学目标负责。只要课堂活动能够达到其中一个目标就是合理的。在这样的框架下，教师可以有巨大的发挥自己想象力和创造力的空间，而不拘泥于一定的程式或公式。课堂教学内容的安排应该与阶段性的和长期的培养语言能力和交际能力的目标相结合。学习的主体是学生，教师在课堂上应该最大限度地调动学生的积极性和主动性，要求和教会他们创造性地组织和安排自己的学习。只有这样才能培养出成功的学习者，韩语教学才能真正获得成功。

（二）课堂教学新模式的理论和实践基础

接下来讨论课堂教学新模式的理论和实践基础。

第一，从现代教育的根本目标来看，现代教育就是培养学生终身学习的能力。韩语学习需要学生发挥自身的主观能动性和创造性。韩语课堂教学的重要目标之一就是培养学生的自主学习能力。

第二，从学习者学习第二语言的特点来看，要学好一门第二语言，一是要有使用这一门语言的需求和强烈的愿望以及学习动机，二是要有大量的学习机会，而且学习过程应该是一个不断给学习者带来成就感的过程。

第三，从人们对韩语教师的角色期待的变化来看，课堂教学已不能再局限于"提供知识"的层次。韩语教师在课堂上应该扮演"学习促进者""学习建议提供者"的角色。

第四，从近年来韩语教学领域的一些新的发展趋势来看，如任务型教学法、自主学习、协商式教学等所包含的教学理念，我们需要对韩语课堂的作用进行重新定位。

任务型教学法强调学习的过程，强调真实的交际，强调在活动过程中培养学生的语法意识；自主学习不是简单地等同于学生的自学，强调学习的态度、学习的能力和学习的环境；协商式教学内容包括学习目标、学习策略等。教师可以和学习者签订"学习合约",对学习的目标、地点、时间、速度和学习方法等作出说明,明确教师和学生双方的责任。以上三个韩语教学新的发展趋势都特别强调了韩语的学习过程和学习者的个体差异。这对韩语课堂教学具有重要的启发意义。

(三)新的课堂教学模式公式

在新的课堂教学模式中,可以用以下几个"公式"来描述学生课堂学习和课外学习之间的关系。

1. 语言学习 = 课堂学习 + 课外学习

根据语言学习的特点,在课堂学习和课外学习之间不应该有明确的界限。课堂学习不是韩语学习的全部,课外学习也是学生韩语学习的一个重要组成部分。

2. 课堂教学 = 为课外学习做准备

课堂教学要为作为学生自主学习重要组成部分之一的课外学习做适当的准备,尤其是关于学习的目标、内容和方法等,教师要把学生的课外学习看作课堂教学的一个延伸和补充。

3. 课外学习 = 促进课堂学习

课外学习作为课堂教学的延伸和补充,应该起到促进课堂学习的作用。课堂上学到的内容应该在课外得到复习和巩固,以达到全面提高学生语言实践能力的目的。

4. 课外学习的方法和内容 = 学习 + 交际

课外学习与课堂学习既有关联,也有区别。学生可以充分利用现有条件,用韩语与同学、朋友、外国游客等进行交流。这也是一种很好的学习资源和手段。

其实,即使是直接使用语言学习材料,也应该把它作为一个交际过程来对待(学习=交际),同时,在用韩语与他人进行交际的过程中,也应做个有心人,应该特别注意观察和学习新的、有用的交际方法(交际=学习)。最重要的是,教师要对学生的课外学习负责,要检查督促、提出建议,还要在课堂上提供机会,让学生展示课外学习的成果,进一步激励学生学好韩语。

新的韩语课堂教学模式与传统的 PPP 模式相比,最大的不同是它由韩语课堂教学的四大基本功能组成。因此,评估一个韩语教师的课堂教学应该看他在多大程度上调动了学生的学习兴趣、教给了学生多少自主学习的策略、整个课堂教学对短期和长期的教学目标起到了什么样的作用等。只有真正关注韩语课堂教学的基本功能，才能有效地组织课堂教学。同时，也只有在对课堂教学的基本功能重新定位的基础上，才能对其他过程如课程设计、材料准备和教学评估等的基本原理和原则作出新的思考和调整，以适应韩语课堂教学新的要求。

第五节　测试和评估

韩语测试是韩语教学过程中的一个重要环节。韩语测试的一个重要目的就是了解学生的韩语学习情况，以便对韩语教学做出改进；另一个重要目的是对参加测试的学生的韩语能力作出判定，以便作出有关他的未来前途的某种决定。因此，韩语测试无论是对教学组织者还是对学习者来说都是十分重要的。本节主要介绍韩语测试中一些常见的概念和实践操作过程。

一、韩语测试的类型

测试的目的多种多样。有的测试是为了了解学生学习韩语的一般能力，有的是为了评估某一阶段韩语教学的效果，有的是为了检测学生当下的韩语能力……根据不同的测试目的，可以分出不同的测试类型。

（一）常见的测试类型

常见的测试类型有潜能测试、成绩测试、诊断性测试、水平测试和结业性测试。

1. 潜能测试

潜能测试主要是为了了解学生学习韩语的一般能力。前面已经讨论过语言潜能的概念，这里不再重复。

2. 成绩测试

成绩测试是用来考查个别或全体学生在学习韩语的某一阶段或最终阶段的成功程度的。成绩测试一般与某一韩语课程有直接关系。

3. 诊断性测试

用于发现学生的强项或弱项的测试叫作"诊断性考试"。考试的主要目的是决定是否需要加强对学生某一方面语言技能的训练。

4. 水平测试

一种不以某一课程为依据，也不管考生受过何种训练而对考生的一般语言能力进行考查的考试叫作"水平测试"。许多公共考试都属于这种类型。

5. 结业性测试

一种仪式性的考试。也可以有明确的目的，如其成绩可作为升入高一级语言课程的参考等，但大多数结业考试更注重形式。

（二）直接与间接类型

从测试的方法和角度来看，我们可以将各种各样的测试分为直接测试与间接测试两大类。

1. 直接测试

直接考查学生某一方面的语言能力的测试被称为"直接测试"。例如，要了解学生的作文能力，就应该要求学生写出一两篇作文；假如要测试学生的语音语调，就要求学生用韩语讲话。

直接测试的好处：测试的目的明确；对测试结果的评估也比较直接；因为所测试的内容正是要培养的技能，所以其正面反拨作用十分显著。

2. 间接测试

间接测试即通过测试某一技能所必需的某种能力来发现学生这方面的语言能力。间接测试的优点是提供一种通过测试部分有限的能力而了解到学生各种不同的语言能力的可能性。间接测试的缺点是测试的结果与实际能力之间的关系并不十分明确和可靠。

休斯（Hughes）认为，根据目前对测试的认识，就水平测试和成绩测试来说，直接测试要比间接测试好。只要取样广泛，所获取的对学生某种能力的信息要比间接测试精确和可靠。另外，直接测试试题一般也比间接测试试题更容易设计。当然，目前的许多测试中间接测试仍占有一定的比例。间接测试，尤其是诊断性测试，在了解学生对某一语法结构的掌握情况时十分有用。

（三）分散点与综合类型

从测试题型的角度，我们可以将测试分为分散点测试与综合测试。

1. 分散点测试

分散点测试指每次只测试一个项目的测试，如一道试题只测试某一特定的语法结构等。

2. 综合测试

综合测试与分散点测试正好相反，它要求每一次考试项目的完成需要考生调动多种语言技能，如写作、听讲座做笔记、听写或综合填空等均属于综合测试。

（四）常模与标准类型

从考试成绩判别标准的角度，可以将测试分为常模参考型测试与标准参考型测试。

1. 常模参考型测试

把某一个考生考试的成绩与参加同一考试考生的成绩相比较以判别其语言能力的测试叫作"常模参考型测试"。例如，参加同一考试的考生有100名，考生A的成绩虽为30分（总分为100分），但与其他考生相比，分数可能在前十名，属10%的优秀生之列。

2. 标准参考型测试

把某种特定的语言能力标准作为判别标准的测试被称为"标准参考型测试"。通过这类考试，可以了解考生实际运用某语言的能力。标准参考型考试有两个优点：一是它们的标准是不变的，主要要求考生能达到某一标准；二是考生可以有明确的奋斗目标，并为达到这一目标而努力。

（五）主观与客观类型

根据判卷标准，可将测试分为主观性测试和客观性测试两种。

1. 主观性测试

阅卷标准主要根据阅卷者的个人判断的测试被称为"主观性测试"。有的测试主观性较大，有的则较小，如自由作文测试，其主观性就要比简答题大。

2. 客观性测试

阅卷标准事先确定，不需要任何阅卷者个人主观的判断，这种测试被称为"客观性测试"。

二、测试的效度与信度

（一）测试的效度

一项测试只有准确地测试它所希望测试的内容才具有效度。测试的效度主要包括内容效度、标准效度、构卷效度和表面效度四种。

1. 内容效度

如果某一测试所测内容是测试者希望的某种（些）语言技能的典型代表，那么该测试具有内容效度。例如，语法测试所测试的内容必须是语法，但它只有在包含了有关的典型语法结构内容的情况下才能说具有内容效度。内容效度对测试来说十分重要。一般来说，内容效度越高，越能精确地了解到测试者所要测试的内容，如果某一测试内容的说明未能在测试中体现，则很难说它的结果是准确的，而且这种测试极易产生负面反拨作用，因为测试中被忽略的内容往往在教学中也被忽视了。

2. 标准效度

将测试的结果与其他高信度的测试结果进行对比，看它们在多大程度上吻合。这种测试的效度就被称为"标准效度"。标准效度可分为同现效度和预测效度两种。同现效度指两种测试同时举行后比较的结果。预测效度主要指预测考生未来实际能力的准确程度。例如，某一水平测试是为了确定某学生未来在英国某一大学学习某一研究生课程的能力，其预测效度的判定可以将该学生的导师对学生实际能力的判断或该学生学习该课程的结果（通过还是未通过）作为标准。

3. 构卷效度

构卷效度指语言能力理论中某种假想的能力组成部分，如阅读能力中根据上下文猜测词义的能力。如果可以证明某一测试或测试的某一部分能有效地测试这种能力，就可以说它具有构卷效度。确定某一测试是否具备构卷效度，关键是对能力组成部分的理解，如要测试学生的写作能力，则可以通过写作预测，将得到的结果与真实的写作样本或结果进行对比，从而建立写作能力组成成分的对应关系。

4. 表面效度

如果某一测试看起来像是测试它所要测试的内容，就可以说它具有表面效度。

例如，一个旨在测试学生语音能力的测试，如果并不要求学生开口讲话，就可能被认为不具备表面效度。任何测试必须保证具有内容效度，并在可能的情况下与实践经验中的某些标准相比较，以确认其测试某一能力概念的真正有效性。

（二）测试的信度

与测试效度密切相关的另一个重要概念是测试的信度。测试的信度可以分为两个方面：一是测试本身的信度；二是评卷的信度。检验测试本身的信度有两种方法：一种是连续测试法，即让学生在不同的时间做同一试题，然后比较其结果。这种方法十分简单，其缺点是时间不易掌握。另一种是"一分为二"测试法，即将一份测试的内容分为两半，对比考生这两部分的结果。这种方法要求两部分的内容（在数量和类型上）几乎完全相当，这一方法的优点是省时省力，缺点是两部分的比例难以掌握。评卷的信度可分为两方面：一是同一个评卷人前后评卷标准的一致性；二是不同评卷人评卷标准的非一致性。如果同一评卷人所用标准前后不一致，或者不同评卷人之间使用了同一标准，那么很可能会削弱测试的可信度。

三、韩语教学评估

（一）教学评估的概念

教学评估是指依据一定的教学目标与教学规范标准，通过对学校教与学等教学情况的系统检测与考核，评定其教学效果与教学目标的实现程度，并作出相应的价值判断及其改进的过程。课堂教学评估是以某一课堂教学为着眼点，对被评估者的韩语教学情况进行评估。主要包括与课堂教学有关的教学目的、教学设计、教学安排、教学效果以及学生的课堂听讲情况、接受情况的评估。对教师的课堂教学工作进行适度监控和评估是确保教学质量的前提，是保持和促进教师的教学积极性与创造性、优化韩语课堂教学效果的必然要求。

（二）韩语教学评估的作用

1. 积累教学经验，提高教学技艺

韩语教学的质量取决于韩语教师的课堂教学意识和教学行为。有效教学行为越多、无效教学行为越少，教学的效果越好。增加有效教学行为、减少无效教学行为的关键是积累教学经验。教学经验跟有效教学行为成正比，跟无效教学行为成反比。对韩语教学进行评估正是帮助韩语教师积累教学经验，提高教学技艺的重要途径。

2. 获得信息反馈，调整教学计划

韩语教师在课堂上及时得到必要的信息反馈非常重要。比如，韩语教师在讲解完上节课的学习内容后，学生的眼神和表情就是对韩语教师讲解效果的评估。如果从大多数学生的眼神和表情中看出他们充满信心、跃跃欲试，就证明他们已经理解了；如果有的学生蹙眉做思考状或者眼光避免跟教师接触，就证明他们没有理解或没完全理解，需要教师重新讲解。

3. 改善师生关系，优化课堂环境

韩语教学评估对教师的第三个作用是改善师生关系，优化课堂环境。韩语教师可以给学生机会，让他们发表对教学的意见和建议，通过师生对话加深彼此的了解和沟通，以消除隔阂、改善关系，为更有效地开展韩语教学奠定基础。

第六章　高校韩语教学实效性提升对策

本章主要探究高校韩语教学实效性提升对策，分别介绍了韩语听力教学提升对策、韩语口语教学提升对策、韩语阅读教学提升对策、韩语写作教学提升对策、韩语翻译教学提升对策五个方面的内容。

第一节　韩语听力教学提升对策

一、韩语听力的特征

作为语言学习的四项基本技能之一，听力是最基础的也是最重要的技能，在语言学习中占据着相当大的比重。正因为如此，韩语听力课程在韩语教学中的地位也是相当重要的。听是任何交流与沟通过程中不可缺少的一个环节，说、写、译都是在听的基础上实现的。如果听不懂或者听错意，那么之后与输入信息的判断和反应都将受到影响，导致之后的环节出错。韩语听力课程在韩语课程体系中固然是重点学科，但同样也是难点学科，而这个"难"主要是由两方面造成的：一方面是由韩语自身特点造成的，韩语的语言数量较多，元音、辅音、收音加起来有近70种语音，再者韩语不规则的应变现象以及语法形态数量较多，要想将韩语的所有语言特性牢牢掌握需要下较大一番功夫。另一方面是由其他原因造成的，包括语速、语言环境、听力理解方法，以及学习者对韩语文化的了解程度等，这些都在不同程度上加大了韩语听力教学的难度。

二、韩剧在听力教学中的应用

随着信息化社会的发展，影像资料在韩语听力教学的应用逐渐增多，教学价值也得到了相应提升，韩国电视剧、韩国电影、韩国媒体新闻、韩国广告、韩国音乐等均成为韩语听力教学中常用的教学素材，其中韩剧的教学应用最广、教学效果最佳。单纯的音频文件仅是从听觉上刺激人的大脑，记忆效果一般，而视频文件是从听觉和视觉两个方面来直观刺激人的大脑，因而给人留下的印象更加深刻，记忆时间更长。将韩剧应用在听力教学中的优点有三个。

一是以现实社会为背景、源自生活。对于大多数韩语学习者而言，韩语敬语的学习和应用是韩语学习的难点之一，而韩剧中所体现出来的各种人物关系，如同事关系、家庭成员关系、朋友关系、恋人关系等，以及在不同场合中不同等级的用语、礼节等，对学习者学习和应用韩语敬语都有较大的帮助。

二是内容涉及众多领域。丰富的感情、生动的描写、幽默的语言以及柔和的语调是韩语表达所体现出来的主要特点，而包含了这特点的韩剧台词为韩剧增色不少，使得韩剧对观众的吸引力更大。另外，受生活化的剧情影响，韩剧的台词涉及范围较广，囊括生活的各个方面，包括流行元素、心理活动、情感、职业规划、家族关系、网络媒体、企业发展、经济贸易、国外生活等众多内容。将这种丰富而新颖的谈话融入实际的韩语学习中，不仅可以提高学习者的学习兴趣，还有助于扩展学习者的眼界，更有利于提高其韩语听力水平。

三是词汇丰富、发音清晰、语调纯正。在韩剧中，除了会出现大量的常用词汇，还会出现日常用语、谚语、四字成语、惯用语、外来词等。通过观看韩剧，学习者可以从中了解和学习比较原生态的发音方法和词汇应用，能够有效地提高自身的语法调度水平，促进韩语听力能力的提升。在韩语发音学习上，观看韩剧可以帮助学习者更好地掌握复杂的语言变化规律，并应用到实际生活中。

观看韩剧是提高韩语学习兴趣的最佳途径之一，研究表明，有超过八成的大学生表示自己喜欢看韩剧，同时在对韩文化商品的消费主体进行分析时也发现，大学生是最主要的韩文化消费者。大学生对韩剧的免疫能力较低，但又并非所有的韩剧都适合作为韩语的听力教材，因而教师在选择韩剧作为听力素材时可按照以下步骤进行选择。

第一步，选择与学生兴趣相符的韩剧。韩剧类型众多，并不是所有的韩剧都能引起学生的兴趣，对于不感兴趣的学生，想看、想听的欲望自然较低。这样的韩剧作为韩语听力素材所能起到的作用较小，所以正确选材的第一步是选择学生感兴趣的韩剧作为听力素材。

第二步，选择具有教育意义的韩剧。部分韩剧中含有暴力等消极因素，如果选取这样的韩剧作为听力素材，很有可能给学生带来负面影响，无益于听力教学。所以在选择听力教学素材时，可以选择一些涉及校园生活、情节内容积极向上的韩剧作为听力素材。这样，学生的韩语听力水平提高的同时，其思想道德素质也得到了提升。

第三步，选择语言通俗易懂的韩剧。教师在选择韩剧作为听力素材时，在考虑完以上两点之后，还要考虑韩剧内容的专业性，比如，一些以医学为主题的韩剧，虽然故事情节十分精彩，但是医学内容过于专业，即使是韩国本土人都未必理解，更不要说学习韩语的外国学生。

第四步，选择语音语调标准的韩剧。韩国是单一民族国家，国民多为朝鲜族，因而即使各地的方言有所不同，也不会像中国的方言一般千差万别，韩语方言的不同主要体现在语音和语调上，韩国的"普通话"是"首尔话"。对于韩语听力教学而言，方言过多的韩剧在听力教学中的作用不大，因为当学生听不懂方言时只能依靠画面来揣测情节内涵，这样反而不利于学生听力能力的提高。

归纳上述所言，韩语听力课程作为韩语专业课程教学中的基础课程，在韩语专业课程体系中占据着绝对重要的地位。韩剧新颖而丰富的内容、准确的语调发音以及诙谐风趣的故事情节，为韩语听力教学提供了优质的教学素材，不仅能提高学生的学习积极性，同时也帮助学生更好、更快地掌握韩语学习中的重点和难点。

将韩剧应用到韩语听力教学之中，通过画面、音频、音乐等多种途径将教学内容以更生动立体的形式展现在学生面前，强化了韩语听力教学的创新性、知识性、趣味性和完整性。这既促进了教学内容和教学形式的多样化，又开拓了学生的视野和知识面，促使学生在"听"韩剧的过程中不断学习、不断提高。

三、韩语歌曲在听力教学中的应用

随着教育教学事业改革的全面深入和广大教育工作者对教学工作的持续探索和不断实践，传统教学模式在被突破的同时，教师在教学活动中也不再是单纯的"传道授业解惑者"。如何提高学习过程的趣味性、为学生创造最佳的学习环境、营建良好的学习氛围是韩语教师在教学中所要探索的重点，尤其是对韩语初学者而言，这一点颇为重要。将韩语歌曲与多媒体教学技术相结合，运用到韩语教学中，既有利于激活课堂教学氛围，提高学生学习韩语的积极性，让学生在轻松愉悦的环境中学习，最终促进高效教学的实现；也有利于对学生韩语语音、语调的训练，促进学生韩语听、说、读、写能力的提高，扩大学生的词汇量，巩固学生的语法及句型知识。

（一）韩语歌曲在听力教学中的作用

不少学生表示，在韩语学习中最困难的技能学习非听力技能学习莫属，而教师或学生自身对听力技能的忽视、听力教材匮乏、外界干扰以及听力练习时的心态、情绪等都在不同程度上增加了学生听力学习的难度。将韩语歌曲应用到韩语教学中，一方面柔和的音乐能够舒缓学生的紧张情绪，另一方面歌曲为学生营造了一个相对真实的听力环境，有助于学生听力技能的提升。另外，有些歌曲的歌词内容比较充实，有较强的逻辑性，那么教师就可以结合学生的听力水平和词汇量的情况将歌词改编成填空练习，让学生在听歌的时候将缺少的词填上。这种填空教学，既有趣又具有挑战性，可以在提高学生学习兴趣的同时，帮助学生找出自己在发音及听力上的不足。

（二）韩文歌曲辅助教学注意事项

学唱韩文歌曲仅是韩语教学中的一种教学手段，教师应科学选择与运用，以便更好地完成教学目标，实现高效教学。

首先，教师要选择合适的韩语歌曲作为教学素材，这一步非常重要，对教学效果有根本性的影响。教师在选取时应尽量选择一些有欣赏价值和教育意义且具有趣味性的歌曲。另外，如 *My Girl*《宫》《花样男子》《屋塔房王世子》等比较受学生欢迎的韩剧里的主题歌，也可被选作教学素材。

其次，韩语歌曲教学不应该只是单纯针对某一技能的教学，而应该覆盖整个韩语技能教学的方方面面，将韩语歌曲的教学价值和意义充分发挥出来，做到听、说、读、写并举，实现一举多得。

再次，将歌曲应用到韩语教学中，教师应做到持之以恒、循序渐进，切忌操之过急。教师可以固定歌曲数量，从量的积累慢慢向质的提升过渡。

最后，应用韩语歌曲进行韩语教学时，教师在专业素养和音乐修养方面需要进行不断的提升，从而确保韩文歌曲的教学意义。

将韩文歌曲与韩语教学相结合的教学方法，是对以往教学的改进和突破。将韩文歌曲运用到教学中，不仅激活了课堂的氛围，同时也为学生提供了更多听、说、读、写机会，使学生的韩语综合运用能力在实践中逐渐提高。在平时的韩语教学中，教师应尽可能地为学生创设良好的歌曲教学环境，做好教学准备，强化教学目的，全身心地投入教学活动之中，从而优化教学效果。

四、情境喜剧在韩语听力教学中的应用

取材于日常生活的韩国情境喜剧一般内容比较轻松，且播放时间一般在30分钟之内，比较适合作为韩语听力课程素材。另外，在韩国情境喜剧中不论是语言、语调还是表达方式上，都是比较贴近韩国人的实际生活用语状态的，因而将韩国情境喜剧运用到韩语听力教学中，既有助于增强韩语听力教学的系统性，又有助于提高学生的听力水平，更有助于强化学生对韩文化的理解和认识。

（一）情境喜剧作为韩语听力材料的优势

1. 形式方面的优势

首先，从时间的角度来讲，20~30分钟的听力训练是比较科学合理的，是符合韩语听力学习规律的，而韩国情境喜剧正好符合这一点。与一般时长2小时左右的电影相比，精短的情境喜剧更适合作为课堂听力材料，而且在30分钟左右的时间内学生就可以比较完整地了解故事的内容，而如果是从电影中截取30分钟作为听力材料，恐怕很难让学生对内容有一个整体上的认识，这样理解起来会比较痛苦，这种不够完整的材料对听力教学帮助不大。而电视剧虽然一集的时长相比电影短了许多，只有50~60分钟，但是由于电视剧每集的情节都是连贯的，只有看完整部电视剧才能了解所有的剧情，因而电视剧存在与电影相同的弊端，不适合作为课堂听力教学的材料。因此，剧集长度只有20~30分钟的情境喜剧不仅时间上合适，而且每一集的剧情相对完整，即使不看上下集的剧情内容也不妨碍理解。

其次，只有20~30分钟的韩国情境喜剧，能够在有限的时间内将一个完整的主题展示出来，剧情节奏较快。在较短的时间内展示出多种情境，既提高了学生听力训练的有效性，又增强了听力训练的趣味性，能提高学生的学习专注力。

再次，韩国情境喜剧中的人物和背景构成基本相同，学生能够很快掌握其中的基本人物和背景信息。如果是将电影作为听力训练素材，则需要提前花费较多的精力对其中的人物关系和背景做一番了解，这样，听力训练的效率是很难得到提高的。除此之外，情境喜剧中的人物和背景比较固定，也减少了学生了解新人物和新背景的负担。

最后，大多数的韩国情境喜剧内容丰富，剧集数量庞大，且每集的主题均不相同，有较大的选择空间。比如，167集的情境喜剧《无法阻挡的HighKick》就有足够的素材可供教师选取。

2. 内容方面的优势

其一，情境喜剧取材于生活，大多是日常生活的内容，其中所涉及的语言在韩国人的实际生活中使用和出现频率较高，有较强的实用性。通常韩语听力教学所使用的听力材料都是教师或者专业配音人员在特定环境下完成的，语调和表达方式上基本一致，缺乏变化，在一定程度上不利于增强学生的学习兴趣，且这种听力材料与真实的韩国社会生活环境还是有所差异的，因此这样的听力训练实际是与生活脱节的，不利于学生多样化表达方式的形成和对话语速的提高。而电影或电视剧等媒介中，出于内容需要往往会出现一些特定领域的专有名词，相比之下，以家庭、学校、职场为背景的情境喜剧内容和语言更贴近大众的生活，为学生展示了日常的韩语语言在词汇运用、语调、语音方面的使用习惯及方法，是对韩语课堂教学的补充。

其二，如上文所述，情境喜剧的题材一般比较轻松诙谐，有助于激起学生的学习动力和积极性。以往在选择听力材料时多是将句型、语法作为最主要的衡量标准，而忽视了学生对材料的兴趣，这种内容比较枯燥的听力训练使得学生对韩语学习的兴趣渐渐降低，无益于听力教学效果的提升。而情境喜剧中幽默诙谐的内容能够有效地提高学生的学习兴趣，在反复听取过程中学生接收的信息量也会不断增多，这样，教学效果也就自然而然地得到了提升。另外，将情境喜剧运用到韩语口语教学中也可以在活跃课堂氛围的同时，实现学习效果的提升。

其三，将情境喜剧运用到课堂听力教学中，不仅为学生提供了学习语言的机会，也为学生提供了更多非语言的学习机会。相比以往单纯的以音频资料为主的听力教学，情境喜剧在听的基础上提供了视觉性的学习机会，可以借助形象的画面增强学生对内容的理解,且其中所蕴含的表情语言和肢体语言等非语言性因素,也为学生进一步了解韩国人的语言表达方式和韩国文化提供了便捷的途径。

其四,情境喜剧中观众的反应为学生理解不同的表达方式提供了便利。学生可以根据观众的反应更准确地把握不同情境的表达方法。比如,笑声,学生可以通过观察观众笑声中所透露出来的情绪来猜测词汇在这里的含义。

其五,韩国情境喜剧取材于生活,除了有韩国民众的日常生活,还包括韩国社会的一些热点话题,所以在学习韩国情境喜剧的过程中,学生也会间接地感受到韩国文化,这为学生学习韩国现代社会的伦理观念和思维方式创造了便捷途径。

(二)选取韩国情境喜剧作为听力材料的标准

鉴于韩国情境喜剧并非专门为韩语听力教学而制作的材料,所以并非所有的情境喜剧均适合作为韩语听力的材料,教师在选择时需要对其主题或内容的教育意义做慎重的思考,只有选择合适的情境喜剧作为听力材料才能够促进教学目标的实现。故而总的来讲,教师在选择情境喜剧作为听力材料时需要考虑以下几点。

第一,情境喜剧的教育意义与学生水平的匹配程度。就内容方面而言,所选的情境喜剧中的专业词汇、方言、谚语、俗语等内容不宜过多,也不宜太少,否则将影响情境喜剧的教学价值在教学中的发挥,不利于教学效果的提高。

第二,情境喜剧在道德伦理方面的教育意义。韩国情境喜剧所涉及的内容众多,其中部分剧集的内容会涉及暴力等方面的内容,存在伦理道德上的偏差或暴力尺度过大。对此,教师需要在教学前对情境喜剧内容中的道德观和伦理认知做严谨的考察,确定其与教学的适用性。

第三,情境喜剧的内容是否遵循客观事实,是否涉及国际敏感话题。如果情境喜剧的剧情内容是以贬低某个国家或民族,或者是以社会敏感话题为中心而展开的,那么把这样的情境喜剧作为韩语听力教学材料是不合适的。因此,就情境喜剧的题材方面来考虑,教师应尽量选择以年轻人婚恋或家庭成员相处为主要内容的情境喜剧,尽可能不要碰触与民族或国际敏感话题有关的内容,多挖掘和发挥情境喜剧在文化教育上的价值和意义。

(三)情境喜剧在听力教学应用上的注意点

其一,教师应引导学生从听懂所有词汇的观念中走出来,指导学生在听力学习时，只需要抓住听力内容的关键信息。不少学生在听力学习的过程中，对自己要求过高，希望掌握所有的对话内容，以免错过重要信息，其实这样反而抓不住说话者的真正意图，因而教师在教学时，应事先向学生强调听力中的重点和注意点。

其二，帮助学生确立听力学习动机。在听力教学过程中，教师应让学生了解和认识到听力训练的内容和目的，而不是让学生单方面地、被动地"听"，这样的听力训练效果是很难得到提高的。

其三，教师应充分利用自身的非语言性表达，即利用表情、肢体语言等与学生进行进一步的沟通和交流。资料对学生的听觉和视觉刺激是有限的，为达到更好的教学效果，教师还应利用好自身的肢体语言和表情语言，使教学过程变得更充实。

其四，将任务型教学模式与听力教学相结合。根据实际生活设定听力学习的任务，促使学生将实际生活与课堂所学内容相结合。再通过听力辅助教材，促进任务型听力教学的完成。

其五，教师需要对学生的语言水平、兴趣爱好等情况有大致的了解和掌握，进而选取既有听力教学意义，又能够被学生接受的韩语听力材料，最终通过对这些材料的合理利用来促进学生听力能力的提高。

五、"学用一体，三段晋级"的教学模式

传统韩语教学模式更像是一种生产流程，在这样的教学模式中，学生一直处于一种被动受教的状态。长此以往，不仅学生的学习兴趣会降低，还会使得听力教学效果无法提升，削弱语言学的交际性。

"学用一体，三段晋级"的韩语听力教学模式注重教学的实效性，强调学以致用，它将韩语听力课程分为"听—学""听—解""听—用"三个阶段，如图6-1-1所示，以促进教学质量的提升。

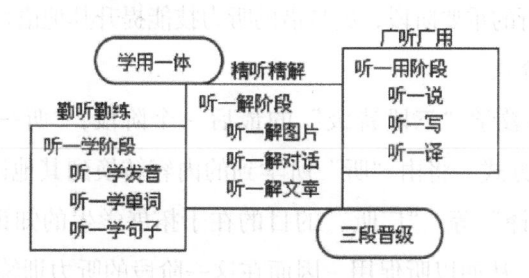

图 6-1-1 "学用一体，三段晋级"教学模式

（一）韩语听力教学中的"学用一体"

"学用一体"作为现代韩语听力教学模式之一，其中的"学"指的是"听学"，强调发音、词汇、短语、常用语、谚语、俗语、外来语、媒体语、短句、长句等基本语言内容的听力学习。而"用"则是指对所学知识的应用，简而言之，就是通过"听"来提高"说""读""写""译"等方面的语言技能。"学用一体"就是将"学"和"用"进行统一，以学为基础，以用为目标，既是"学"的过程也是"用"的过程，二者共同促进听力技能与其他技能的统一。

（二）韩语听力教学中的"三段晋级"

1."听—学"阶段

"听—学"阶段是韩语听力教学"三段晋级"的第一阶段，也是韩语听力的基础阶段。这一阶段的学习主要是为了学习者习得基本的语言规律，通过"勤听勤练"的方式打牢语音基础，利用听的过程来促进学的发展。而学的内容主要包括语音、词汇、短语、外来语、谚语、媒体语、常用语、短句、长句等。总的来说，这个阶段的教学除了要帮助学生进行知识的积累，还要引导学生树立"学用一体化"的思想，为之后的教学做好铺垫。

2."听—解"阶段

"听—解"阶段是韩语听力教学"三段晋级"的第二阶段，也是技能培养阶段。这一阶段的听力教学主要是采用"精听精解"的方式来提升学生的韩语听力技能，并结合听力训练来带动其他语言技能的提高，因此这一阶段的教学目的在于培养和提高学生的语言技能。鉴于此，该阶段的教学内容以各种图片、对话、文章为主。学生除了要掌握基本的语法知识点、成语、谚语、常用语外，还要掌握基本的韩语听力技能。"听—解"的阶段既是学生积累专业技能的阶段，也是拓宽学生知识面和视野的重要阶段，更是借助听力技能提升其他语言技能的关键阶段。

3."听—用"阶段

作为韩语听力教学"三段晋级"的最后一个阶段，"听—用"阶段旨在通过"广听广用"的方式，将由"听"所学到的内容转换到其他语言技能上，包括"说""读""写""译"等。"广听"的目的在于拓展学生的知识面，让学生接触到更多实用的内容，从而以听促用。因而在这一阶段的听力训练材料应内容广泛、形式多样，如媒体新闻、古典小说、童话故事、人物传记等均可作为听力训练的材料。在"听—用"阶段，学生应具备能够准确理解和描述所听内容的能力，将所听内容翻译出来，既要将"学用一体"的理念贯彻到底，又要进行知识和技能的延伸，以促进自身综合技能的提高。

相比传统韩语教学模式而言，"学用一体，三段晋级"的新韩语听力教学模式给学生带来的教学内容更加全面，更具立体感和层次感。首先，在该教学模式下实现了"学"与"用"的统一；其次，"三段晋级"的教学模式将听力教学划分为三个阶段，并针对每个阶段设置出相应的教学目的、任务和要求，且阶段之间又存在紧密的关联；最后，"听—学""听—解""听—用"的三段教学，既可以作用于整个学习过程，也有利于促进韩语听力教学效果的提升，能切实提高学生的听解能力，为立体化教学的形成提供重要的保障。

在"学用一体，三段晋级"的韩语听力教学模式下，学用一体的教学理念贯彻于教学的始终，并且教学的每个阶段都有明确的教学目标。虽然不同的阶段，其教学目标、任务和要求也会有所不同，但在大方向上保持着基本一致的理念，即将听力教学与其他语言技能教学相联系，以"听"为基础，推动"听""说""读""译"等技能的提高，最终促进学生韩语技能的全面提高。

第二节 韩语口语教学提升对策

一、韩语口语滞后原因

（一）缺乏良好的口语学习环境

目前，韩语的口语学习主要还是靠课堂教学，而课堂教学对口语训练的重视程度却有待提高，缺乏培养学生口语表达能力的机会。这样的学习环境不利于实现预期的学习目标，很难提高学生的口语能力，不利于学生韩语的学习。

（二）缺乏教学硬件和师资力量

对于部分高校而言，韩语教学的设施没有得到及时的更新换代，课堂教学仍存在设施老旧、破损、无法使用的情况，导致韩语教学受到多方面的约束而得不到有效的发展。同时，高校扩招的工作快速发展，现有的教学设备数量不足，跟不上扩招的速度，无法开展口语培训活动。另外，目前大部分高校的韩语教师都是由中国教师担任，外教的数量很少，甚至有些高校都没有聘请外教，这使得高校韩语教学工作难以顺利进行。

二、提高韩语教学中的口语训练策略

（一）学生方面

1.明确学习动机

众所周知，兴趣是学生学习的最大动力，韩语的学习当然也不例外。然而，在实际的韩语学习过程中，学生要学好韩语必须建立在非常勤奋的基础之上，而勤奋学习只是作为学好韩语的前提条件，并不代表付出努力就能取得预期的学习效果。因此，制定合理的学习目标、提高学生的学习兴趣、明确学习动机（尤其是对部分缺乏韩语学习动力的学生而言）就十分重要。事实上，学习兴趣的培养和保持是一个长期的过程，因此学生可以先从明确学习动机入手进行有效的韩语学习。韩语学习动机的明确是学生学习的最大推动力，也是学生参加教学活动的动力所在，是教学活动顺利开展的必备条件，是学生积极进行学习的内驱力。它与学生学习的主动性有着直接关系，它能够让学生在学习过程中保持主动、积极、集中、认真的状态；它能促进学生在学习时有明确的学习意识，加强学生对韩语学习的重视，帮助在遇到挫折时保持毅力，并继续下去。

加德纳与兰伯特将学习动机分为两种基本类型，即融入性动机和工具性动机。融入性动机是指学生对某一语种的学习存在极大的渴望，自主要求能够与该语种社团的人相处，希望能够参与相应的社团活动、社会活动，甚至是融入该社团的生活当中。工具性动机指的是学生出于某种必要的目的而不得不进行的语种学习，如参加考试、获得资格证，或是能够阅读、翻译该语种的书籍等，带有一定的目的性。很明显，融入性动机是对某一语种学习兴趣的真正体现，是充分依靠学习兴趣进行学习的，因此融入性动机更具有实用性和价值意义。学生学习韩语存在多样化的动机，有些是希望能够以此作为赚钱的工具，有些则仅仅是为了获取资格证书，有些则是想为去韩国留学打下基础，有些则是希望能够接触到韩国文化等。不管是出于哪一种动机，只要学生能够明确自身韩语学习的动机，都将十分有利于学生的韩语学习。

2. 端正学习态度

高校韩语的学习需要学生端正自身的学习态度。一方面，不管是在学习方面或者是做人方面，学生都要保持谦和的态度。在对学生进行调查时发现，有学生不经常在日常生活中使用韩语的原因在于"没有说话的对手，害怕伤害别人的自尊心"。这样回答的学生是否真的从未遇到过能与他水平相一致的"对手"？就算是没有遇到，他这样的回答所表现出的学习态度也不利于日后的学习甚至是健康成长。如果学生不能端正自己的态度，觉得自己掌握的知识已经足够而不再继续学习时，殊不知比他优秀的人还在努力学习。因此，学生必须端正自我的学习态度，以谦逊的态度进行韩语的学习。

另一方面，韩语的学习要制订详细的计划。高校教学的关键在于提高学生独立学习的能力。高校教师与高中教师存在很大的不同，他们很少带领学生进行反复的复习工作，而是将知识传授给学生后，鼓励其自主思考。从对问卷调查的数据分析中发现，大部分学生很少自主进行韩语的学习，如每天进行韩语的晨读、用韩语与人沟通、阅读有关韩语的书籍、听韩语对话等。韩语的学习是一个日积月累的过程，没有坚持的付出就算现在掌握得很好，以后也会遗忘。因此，学生要根据自身的实际情况制定相应的学习计划和学习目标，例如，每天练习韩语口语多久，要练习到什么程度等。另外，韩语的学习需要学生独立自主地进行，切不可以将"他人不学习""没有合适的学习场合""考试不会涉及"等作为理由而放弃韩语的学习。

3. 完善学习方法，强化学习效率

大部分高校的学生都存在不开口说韩语的问题。如果想要培养学生的口语表达能力，就必须进行说话练习，还必须采取有效的学习手段来强化学习效率。假使学生进行口语表达的过程中没有使用有效的学习手段，则不仅会浪费时间，还无法取得良好的学习成效，学生的口语表达能力也得不到有效提高。因此想要切实提高学生的口语表达能力，就必须让学生充分接触到韩语，同时还要完善学习方法，强化学习效率。根据数学定理：两个点之间最短的距离即线段。可以得出，先进的学习方法有利于强化学生的学习效率。通过对部分韩语学习能力较强的学生的研究可以发现，以下这几点能够有效地提高学生的口语表达能力。

（1）利用"听"的方式强化学生的口语表达能力

立足于韩语教学的经验不难发现，如果一名学生没听懂韩语则其必然无法说出规范化的韩语。采取让学生听韩语资料的方式，可以使学生认识并了解到规范的韩语发声，让他们打下扎实的语言基础，以便培养学生的口语表达能力。利用听的方式，学生有足够的机会接触到韩语，有利于加深学生对韩语对话的理解，引导学生进行正确的韩语口语表述，切实提高学生的口语表达能力。

根据学生自身情况可以自主选择下面三种类型的听力材料。

类型Ⅰ：口语表达速度非常慢，发音十分标准的听力材料。此类听力材料通过让学生跟读来规范自我的口语发音。通过对比材料中人物对话的标准发音，学生可以适当地改变自己的发音方式，刻意地进行模仿，以促进自我的发音向规范化、标准化发展。

类型Ⅱ：口语的表达速度和词汇储备量都比自身口语的表达速度和储备量强。对于此类听力材料，学生必须全神贯注才能听懂。利用这种类型的听力材料，有利于学生逐步提高自己口语发音的速度，增加韩语词汇的储备量。同时，此类听力材料有助于学生认识到韩国人说话的方式，以及说话的规律，弥补学生口语表述上的不足，拉近学生口语表达和韩国人口语表达的距离，切实提高学生的口语表达能力。

类型Ⅲ：语速较快、难度系数较高的听力材料。对于此类材料，哪怕学生全身心地投入听的过程也很难听懂。开展此类听力材料的训练，目的在于让学生全面了解韩语，理解口语表达时的注意事项，熟悉韩语说话时的正常语速和声调。另外，韩语听力的训练不受时间、地域的限制，学生可以充分利用空闲时间来进行韩语听力的练习。

（2）采取"读"的形式提高学生的口语表达能力

受汉语语言逻辑的影响，学生在使用韩语表述时往往最先想到汉语的表达方法，然后再按照汉语的顺序进行韩语的表述，这是学生长期以来养成的思维习惯，短时间内很难改变。如何帮助学生形成良好的韩语思维方式显示了出"读"的重要性。"读"是韩语学习过程中的重要组成部分，高校学生应当养成每天"读"的好习惯，包括阅读、朗读。阅读即学生通过查阅学习资料、浏览韩语文章等，以一种自主的方式进行阅读，它有利于切实增加学生的韩语词汇储备量，提高学生的口语表达能力。与此同时，朗读也是不可或缺的环节。在朗读韩语时，学生要能标准化地发音，做到上下文语句的通顺、连续，最好不要出现过多的停顿；还要能够参照阅读文章的意思，以正确的情感朗读出来，不能出现情感不符的情况；还要把握好句子的节奏感，要让听的人能听懂句子的含义而不是单纯朗读韩语单词；要注意朗读的声调，尽量大声地朗读韩语文章，这样才能便于教师判断出学生的发音是否规范，如果有不规范之处还需及时纠正，以促进学生的韩语发音向规范化、标准化发展。另外，大量朗读韩语，有利于学生锻炼出面部的肌肉，使发音标准、自然。

（3）通过"背"的路径强化学生的口语表达能力

通过"背"的途径有利于强化学生对韩语的理解和认知，加深学生对知识的印象，帮助学生养成较强的韩语语感，并能够在日常的韩语用语过程中有所体现，形成良好的韩语表达习惯。与此同时，学生在进行韩语背诵的过程中，要注意该篇文章中使用的语句、单词和选择的文章结构，要注意韩语文章的背诵与文章内容形成有机的整体，以增加学生的韩语词汇量，强化学生的韩语表达能力，养成良好的韩语思维习惯。另外，学生所选择的背诵文章最好是典型例文，因为对这些类型文章的背诵有助于学生学习到基本的韩语表达知识，不断丰富自我的韩语知识储备量。文章的背诵要建立在对文章了解的基础之上，学生必须在背诵之前理解上下文的意思才能顺利进行文章的背诵。事实上，对原文的理解能够大大降低学生的反感心理，从简单到复杂，从简短到长篇，逐步完成韩语文章的背诵。韩语文章的背诵目的在于帮助学生扩充词汇储备量，形成一定的韩语学习基础，因此学生必须对背诵过的文章经常复习，做到不遗忘。

（4）利用"写"的方式提高学生的口语表达能力

事实上，利用"写"的方式有利于学生增强对已经掌握的韩语单词、文章的理解。在学生口语表达还未完全熟练时，利用"写"的方式能够引导学生理解文章的基本框架和写作思路，推动学生选择恰当的单词进行表达。首先，经常练习韩语文章的写作，必定对学生韩语表达思维有一定的帮助，让学生形成个性化的韩语表达风格，增加学生的韩语单词储备量。写作是建立在学生已有的韩语知识基础之上的，它能够帮助学生回忆起因为不经常使用而忘记的单词。其次，学生可以将日常生活中发生的事情用韩语记录下来，利用写韩语日记的方法来进行韩语文章的创作，倘若当天不存在特别的事情，学生也要坚持写下去，切忌中断写作。在进行韩语日记写作的过程中，要减少使用普通单词的频率，尽量选择一些自己不经常使用的单词；要尽量避免反复记同一事件，要能体现出生动性、活泼性；要经常变换写作文章的结构框架，尽量创作出更好的韩语文章；要注意韩国人说话、写作的方式和顺序，尽量不要出现中国式的韩语。最后，在完成一篇文章的创作之后，学生可以自主进行朗读，通过朗读及时发现并纠正该文章的错误之处，从而加深印象，提高自身的口语表达能力。

（二）教师方面

1. 打破传统教学模式，改变教师角色

传统教学采取的是"传授+吸收"的模式，教师承担传递知识的角色，学生通常是被动学习，带有强烈的单向性。高校韩语教学课堂通常是由学生自主进行课前的预习，再由教师做课堂上的详细讲解，介绍作者创作意图和文章的大体框架，通过对某一句型、语法、结构的具体讲解，进一步加深学生对知识点的理解，并鼓励学生做好韩语课堂的记录笔记。这种教学模式使得学生较难掌握韩语的精髓，缺少韩语对话交流的平台，很难有效地提高学生的韩语口语表达能力。学生的主体地位也得不到有效保障，无法增强学生的创新意识和实践能力。

开展素质教学、切实提高学生的创新能力，要求必须突破传统的教学模式，改进教学理念。素质教学的关键就在于充分重视学生的主体性，并落实到实际的教学过程中，充分体现对学生的尊重。虽然教师不可能同时关注班上的几十个学生，但教师对学生的关心却可以牢牢把握住学生的心，从而有效地突出学生学习的主体地位、尊重学生尊严。事实上，尊重学生尊严是突出学生主体地位的前提条件。在实际的韩语教学课堂中，教师要善于把学生的主体地位和学生的尊严结合成有机整体，促进学生的个性化发展，帮助学生形成良好的思维习惯。要体现学生学习的主体地位，就需要为学生建立相应的交流平台，提供更多的机会让学生自主进行学习，给学生自主探索的空间。教师在体现学生学习的主体地位的同时，还要强调学生的学习效率。如果学生得出的学习结论是有理可依的，教师就不应该一味强调标准答案，这对提高学生学习韩语的信心也有很大的帮助。教师要帮助学生开拓发展空间，提供有效的学习平台。

美国教育专家克拉申曾经说过,外语教师主要的工作内容就是为学生提供有效的学习平台,让学生最大限度地学习并了解外语,从而有利于学生对这门外语进行更好的学习。韩语教师在教学过程中占有十分重要的主导地位,这就要求教师不能只简单地向学生传递知识,而是要充分借助课堂的作用,将独立思考、勇于开拓的学习精神传递给学生,并给予学生足够的鼓励,培养学生学习韩语的自信心,引导学生之间多使用韩语进行沟通对话。

2. 提高教师教学水平,强化教学质量

对于一名合格的韩语教师而言,他必须对教学工作抱有高度的热情,并成为学生模仿、学习的榜样;他必须具备一定的文化基础,有较高的专业素质;他要有足够的能力开展韩语教学活动,具备丰富的教学经验,有良好的学生组织能力和语言表达能力;他要能够长时间集中精神进行教学,要具备丰富的想象力,能够很好地控制自我的情感,具有个人魅力。高校韩语教师在具备以上条件之后,才能进行有效的韩语教学。韩语教师不仅要向学生传递韩语表述的要求,还要丰富教学的趣味性和实用性。由此不难看出,高校韩语教学需要强化教师的教学水平,以不断提高教学质量。下文将对提高教师的教学水平提出几点建议,以期能够为高校韩语教学提供有力的帮助。

(1) 出色地使用韩语

高校韩语教师首先需要具备的条件就是能够熟练地使用韩语,他必须有出众的语言能力,并具备良好的听力、阅读、叙述能力。在开展高校韩语教学活动中,教师要尽可能多地使用韩语,并把握好韩语教学的难度系数。从克拉申提出的"可理解性输入"来看,如果学生要提高目前的韩语学习状态并发展到一定的高度,则教师的语言输入也应当有所提高,并且教师进行的语言输入必须能够让学生理解,让学生能够灵活地使用教师所传授的内容。高校韩语教师是否能够出色地使用韩语,主要体现在以下四点:第一,教师作为学生的模仿对象以及学习榜样对学生有十分重要的影响,学生对教师的模仿是有意识的同时也是无意识的。学生这种无意识的模仿要得到充分重视,这不仅是由于模仿的重要性所致,更是由于无意识学习对学生韩语的学习存在很大的影响。第二,出色的语言能力有利于教师教学自信心的建立。韩语教师教学的自信心对教学有正面的影响,同时还能赢得学生的尊重,得到学生的肯定。第三,出色地使用韩语能够提高教师的教学魅力，吸引学生注意力，使得学生依赖教师，主动要求与教师进行课堂上的互动，并在教学过程中有积极的表现。第四，高超的韩语表达能力有利于教师创新教学方法，让教师有足够的能力掌控教学课堂。

（2）科学地阐述韩语

事实上，只是擅长韩语的使用对一名高校韩语教师而言是远远不够的。高校韩语教师必须有足够的能力来阐述韩语及其相关知识，以帮助学生更好地理解。在开展韩语教学时，教师要向学生全面分析韩语的语法、句型和文章结构。在学生提出问题时，教师要能给予学生详细的解释。例如，在学生提问"为什么这样使用"时，教师如果解释为"这是一个固定句型""这样表达较为准确"是很难让学生理解并接受的。在面对这种情况时，为了能够帮助学生全面认识韩语，教师可以先向学生分析句型再引申到短语用法上进行讲解。教师要科学合理地进行韩语的阐述、讲解，促使学生透过表面现象看到韩语学习的本质，让学生意识到韩语的学习是一个复杂的过程。因为不存在一本词典能够涵盖所有的韩语知识，这也决定了韩语教师要能够不断丰富自身的教学手段，从而进一步提高课堂教学的效率。

（3）灵活使用各种教学手段

高校韩语教学的重心要放在提高学生的韩语表达能力上，这项工作能否取得成功不仅仅在于教师韩语知识的储备量，还在于教师所采用的教学手段是否有效。换言之，在实际的教学过程中，教师要能够激发学生的学习兴趣，提高学生的阅读、表达能力，因此采用有效的教学手段是必要的。立足于整个韩语教学发展历史来看，韩语的教学手段有很多种，如交际教学法、听力法等。这些多样的教学手段能够实现相对应的教学目标，然而韩语的学习难度系数较高，每节课的教学内容、教学计划都不同，要想达到最佳的教学效果，韩语教师就需要立足于每节课的教学内容选择有效的教学手段，进行相应的教学，以切实提高课堂的教学质量。

（4）优越的教学技巧

①形成和谐的师生关系

在实际的高校教学课堂中，师生关系是否融洽对教学效率有十分重要的影响。韩语的教学从本质上来说，是教师与学生之间交流对话的活动。因此，教师要在教学过程中体现出对学生的充分尊重，保持良好的教学态度，营造有趣、生动、活跃的教学课堂，避免学生出现抵触韩语学习的心理，促进学生积极主动地加入韩语学习的过程中。与此同时，教师要将真挚的情感投入教学中，用饱含情感的声调进行韩语的朗诵，获得学生的认可，引起学生共鸣。教师还应当关注每一位学生，要经常以微笑来面对学生，获得学生好感。在学生回答或提出问题时，教师要面带微笑认真倾听学生的答案或疑惑，并详细补充学生的答案或为学生进行详细的解答，使学生感受到教师的关爱。

另外，成功感也是韩语教学的关键之一。教师应尽量减少对学生的正面批评，而是尽量采取委婉含蓄的方式指出学生的不足，或是发现学生的优点时要给予相应赞美和鼓励，从而激发学生的成功感，这有利于良好师生关系的形成。因为，成功感能够激发学生的学习兴趣，提高学生学习的自信心，成为学生自主学习的内驱力，这对提高韩语口语教学的质量具有十分重要的影响。

②通过丰富的口语教学活动，为学生提供学习机会

韩语口语的表达能力并不是简单靠教师传授就能提高，而是需要学生在实际的教学活动中多加练习。非韩语专业的学生在学习韩语的初级阶段，既要通读韩文，完成大量的听力练习，还要通过韩语专业考试，这对部分高校的韩语教学提出了更高的要求。在韩语教学的研究者看来，如果缺乏合适的教学环境，学生的口语表达能力会受到课堂交流平台的影响，而课堂交流平台又会受到课堂教学的方法和形式的影响。由此可以看出，教师可以通过开展丰富的口语教学活动，为学生提供学习的机会，以切实提高学生的口语表达能力。下面笔者将介绍几种口语教学的途径，为高校韩语教学课堂提供参考。

一是课前报告。这是韩语教学课堂常见的一种形式，在教学课堂正式开展之前，教师指定两名学生走上讲台进行韩语的课前报告。课前报告的内容是由学生自主选择的，既可以是学习过程中发生的趣事，也可以是日常生活中的小事，还能够讲韩语小故事。然而，坚决不允许出现敷衍了事的情况，例如，部分学生存在侥幸心理，认为教师不会提问自己就不做课前报告的准备，如果被提问也只是马虎了事，无法发挥课前报告的作用，这也是对课堂教学时间的一种浪费。

二是新闻报道。新闻报道是指学生通过韩语学习网站或韩语报纸找出自己感兴趣的话题，以新闻报道的形式与全班同学分享并讨论。在进行新闻报道的过程中，学生可以自主进行报道，也就是学生整理出新闻报道的材料，并总结出自己

的观点与其他同学共享。同时,新闻报道还可以模拟真实的场景,让学生扮演记者的角色去采访另一位学生。这样的方式,能够充分调动全班同学参与课堂教学的积极性,能够营造活跃生动的课堂教学氛围,大大提高韩语课堂的教学质量。

三是情境表演。情境表演就是将教学课堂布置成生活的某一真实情境,如公园、操场、图书馆等,引导学生在模拟情境中进行人物的对话。在正式进行情境表演之前,教师应该指引学生厘清对话的思路,但也不能给予太多的提醒,否则会影响学生的自由发挥。同时,教师要多加引导学生投入真实的情感并尽量使用肢体动作,来营造真实的情境,使得教学活动的开展更具有真实性。情境表演最大限度地调动了学生学习的积极性,在情境中进行的人物对话和表演有利于提高学生处理真实情况的能力,充分体现出韩语的实用性。

四是猜物比赛。顾名思义,猜物比赛就是让一名学生用韩语对物品进行描述或概括,再让另一名学生进行猜测,以组为单位猜出最多正确答案的一组即为获胜。事实上,猜物比赛在很多综艺节目、娱乐节目上很常见,但很少在课堂上有所体现。猜物比赛所体现出的娱乐性有利于营造积极有趣的教学课堂,培养学生的团队合作意识,切实提高学生的口语表达能力。

五是看图讲故事。看图讲故事即给学生一幅漫画,鼓励学生发挥想象编造出一个小故事,并能够在讲台上用韩语讲出来与其他同学分享。漫画的形式是不固定的,学生可以自主选择所要描述的漫画,还可以相互之间进行交流。如果学生在看图讲故事时选择了难度系数较高的漫画,教师要给予学生一定的帮助,引导学生编出符合事情发展的故事,再来比较谁的故事最具有想象力,并以投票选举的方式选出第一名,这样能充分调动学生参与课堂的积极性,增加学生开口说韩语的欲望,切实提高课堂教学的质量。

③立足于教材的口语练习

在韩语教学课堂中,教师要充分利用教材内容进行有效的口语练习。众所周知,教材是由许多韩语研究者和教学专家共同制定的,是精心编制的内容。在教师讲授完教学内容之后,如果所讲课文的故事情节较强,则教师可以引导学生进行角色的带入并表演,同时还可以让学生对文章进行续写并进行相应的表演。每一名学生的思考方式不同,看待事物的观点也不同,因此对于部分话题讨论性较强的文章,教师可以通过组织活动的形式让学生说出自己的看法并讨论。这样的教学方法，不仅能扩大学生的知识面，培养学生的想象能力，还能实现提高学生口语表达能力的目标，同时又与韩语教学理念相一致，起到了事半功倍的效果。事实上，这样的教学方式还有很多，教师可以根据每节课的教学内容或是学生的爱好特征选取合适的教学方式，来进一步提高学生的口语表达能力。另外，教师还可以鼓励学生就教材内容进行课后的学习。然而，不管多吸引人的教学活动，如果过多重复使用，也会使学生产生厌烦心理，这就需要教师不断改善教学活动的形式，保持韩语教学活动的新鲜感。

④端正态度，正确对待学生口语训练中的错误

语言学家杜莱（Dulay）曾经说过，错误的出现是学好语言的必经之路。学生在韩语学习的过程中不可避免地会出现这样那样的错误，这是非常普遍的现象。然而，学生犯错误并不是重点，重点是教师如何面对学生所犯的错误，采取怎样的态度，这对教师提出了很高的要求。韩语的学习过程是一个交际的过程，教师教学的目标之一是为了帮助学生建立自信。教师的态度对于交际具有十分重要的影响，如果教师不能端正态度则很有可能扰乱整个交际的系统性。所以说教师要端正自身的态度，正确地对待学生在韩语学习过程中出现的错误，并及时纠正学生的错误。这里的纠正并不是简单指出学生单词或语句使用的错误，而是要在学生表达看法时指出错误。另外，学生有时可能会无法回答教师的提问，在这样的情况下教师要充分理解学生并给予学生鼓励，帮助学生建立韩语学习的自信心。

（三）学校方面

1. 改善教学环境与条件

改善教学环境与条件，要求学校建立健全的相关制度并提供充足的资金保障。笔者将从以下几个方面提出改善教学环境与条件的建议，以期为高校韩语教学贡献力量。

（1）改善设施

高校教学设施和韩语教学的质量有十分密切的联系，它关系到能否有效地提高学生的韩语表达能力。教学设施的改善要有充足的资金作为保障，这对于部分条件相对不足的高校是一个很大的难题。然而，为了能够切实提高学生的口语表达能力，提高高校韩语教学的质量，高校应尽量将资金投放到这部分工作中。计算机网络技术、多媒体软件等都是韩语教学课堂中的重要教学设施，尽管

部分高校不能做到每间教室都配有这些设施，但高校要保证教师在需要使用这些设施时能够使用得到。韩语的学习并不只是为了得到资格或者等级证书等，而是要切实提高学生的实际应用能力，帮助学生学会如何真正使用韩语，体现韩语的实用性。同时，韩语的学习要立足于韩国的文化背景中。学生可以通过收听韩国的广播、看韩剧等方式来接触韩国人的生活，进一步了解韩国人的风俗习惯，从而对韩国口语的表达方式有更深的理解，这是提高学生口语表达能力的重要部分。

（2）分层次教学，小班授课

由我国著名的思想家、教育家所提出的"因材施教"，认为教学要重视学生的个性化发展并有针对性地进行教学。第二语言的教学过程也存在学生学习个体的差异性问题，所以说韩语的教学要承认差异性，鼓励学生的个性化发展，坚持因材施教，让每一位学生都能在最适合的学习环境里得到更好的发展。

因为高校大学生来自的地区各有不同，受到多方面的因素影响，导致其韩语水平也各有不同，存在一定的差异。高校要能够最大限度地降低这种差异，全面提高学生的韩语学习能力，特别是口语表达能力。高校可以通过分层教学法进行有效的韩语教学。通常来讲，韩语教学课堂会根据学生的学习能力和学习水平，将其分为初级班、中级班和高级班，或是一级班、二级班和三级班。每个班的人数都不允许超过30人，并配有相应的教师，保证一个班级一个教师。教师可以根据本班学生的实际情况，自主确定教学计划并制定相应的教学目标和措施。分层次教学、小班授课，有利于增加学生与教师沟通的机会，便于教师了解每一位学生韩语学习的进度，使得教师为学生制定出更加合适的教学措施，进一步提高学生的韩语学习能力。因为班级人数受到限制，所以教师能全面顾及整个教学课堂，有效地避免了部分教学课堂步调不一致现象的发生。另外，分层教学、小班授课也能够培养学生学习韩语的兴趣，建立自信心。

（3）外教授课

外教授课作为改善教学环境和条件的重要一环，能够直接对学生进行文化的熏陶，并与学生进行真实的口语对话。学生也能够直接向教师询问关于韩国的潮流趋势、流行用语，了解并学习到真实的韩国人的说话方式，这是外教授课最显著的优点之一。因此，在条件允许的情况下，高校应当聘请韩国教授或是定期邀请韩语研究专家来本校演讲，回答学生的问题。另外，高校要充分重视对外籍教师的选择，避免聘请到说话有地方口音的外籍教师。如果高校聘请的外籍教师说话口音严重、吐字不清楚，不仅不利于学生正确学习韩语，还极有可能造成学生口语方言的形成。

2. 重视教师素质

科学技术的发展、知识的更新换代，要求高校教师也要与时俱进、不断进步。如今，我国正大力倡导素质教育，在提升学生素质的同时，高校也要采取相关措施来提高教师的素质，以适应时代的发展。

（1）软策略

高校要积极组织教师活动，定期开展课程培训。培训有两种形式：一是短期培训，二是长期培训。短期培训是对教师某一方面知识或教学技能的集中训练，在短期培训的过程中，高校可以通过邀请韩语口语专家来本校开展座谈会，与本校教师做学术上的交流，切实提高本校教师的文化素质。长期培训重视对教师的教学能力和实施能力的培训。在条件允许的情况下，高校应当每三年对教师进行一次脱产训练，训练的时间以一个月为宜。在训练的过程中，教师要重新梳理已有的知识，并学习新的知识，新知识涵盖了教育学知识、专业知识等方面的内容。同时，还要重视对教师语言技能的培训，切实提高教师的教学素质。

（2）硬策略

为了能够对教师进行有效的监督，采取定期考察的措施十分有必要。根据考察结果，高校能够深入了解每一位韩语教师的教学情况，发现教师教学中存在的缺陷，并有针对性地开展训练活动。同时，高校要提高对教师教学进度的重视，重视学生对教师教学提出的建议。另外，在进行教师职称的评定过程中，高校要充分考虑教师的考察结果、教学进度等，以此推动韩语教师的全面发展。

3. 设置适当的教学目标

根据《高校韩语教学课程规定》中的"高校韩语教学要能够切实提高学生的韩语口语表达能力和实际的应用能力，促进学生能够在真实的社会环境中灵活使用韩语与他人进行沟通对话"。可知，满足社会发展的要求、符合人才发展的规律是高校教学的终极目标。如果要实现这两个终极目标，高校韩语教学需要充分考虑以下几个方面。

（1）重视基础，突出专业

要能够保证持续提升学生韩语口语的表达能力，就要充分重视高校韩语教学课堂，高校需要对韩语的教学进行系统化、规范化筹备：大学一年级着眼于韩语发音、语调等基本训练，培养学生独立学习韩语的良好习惯；二年级时重点进行韩语听力、日常交际、语言表达方面的练习；三年级着眼于对学生韩语交际能力的培养；四年级时学生已经具备了一定的韩语知识基础，高校可以通过开展韩语交流讨论会、辩论赛等活动，突出专业性，进一步提高学生的韩语口语表达能力。

（2）注重实用性

高校扩招为学生的就业带来了压力，高校应当从帮助学生就业、促进学生发展成为社会所需要的人才来开设相关的选修课程。开设的选修课程要具有一定的实际价值，让学生能够学到实质性的东西。学校要立足于用人单位对韩语方面的需求，和学生个人的兴趣爱好做相应的调整，开设提高学生韩语口语表达能力、说话技巧等方面的相关课程，并选择有丰富教学经验的韩语教师进行授课，让学生真正学到有实用价值的东西。

4. 开展多样化的学习活动

要能够切实提高学生的韩语口语表达能力，高校需要开展多样化的学习活动。高校可以建立专门的韩语学习俱乐部来负责这些学习活动的开展。学习活动的种类有很多，如韩语学习角、韩语交流会等。韩语学习角是指所有学生在同一场所用韩语进行交流，这是传统的韩语学习角模式。韩语俱乐部可以进行改革创新，以改变这种传统的学习方式，如可以选择相对舒适的学习场地，还可以邀请受学生喜爱的韩语教师共同参与。与此同时，俱乐部还能通过放电影的形式，让学生在观看电影之后开展相应的趣味活动，如角色代入、反转剧情等，按照学生喜欢的形式来进行韩语口语的训练。值得一提的是，电影的观看应当是不收取任何费用的，这样才能让更多的学生参与电影的观看。另外，开展座谈会也是一个较好的学习活动。俱乐部可以邀请韩语教学方面的专家来本校开展座谈会，让学生能够进一步了解韩语、应用韩语，聆听专家的教育，这对学生学好韩语具有十分重要的意义。

5. 改进评价机制

接受采访的教师大多认为学生的韩语考试成绩要包含口语成绩，在对学生做的调查中也发现，大部分学生觉得考核成绩如果包含韩语口语成绩，自己会加强对韩语口语的练习。同时，融入韩语口语的测试有利于更加直观地看出学生的韩语掌握程度。因此，部分还未将口语成绩融入学生测试中的高校应当改进评价机制，体现口语的重要性。对于已经将口语成绩纳入学生测试中的高校来说，他们主要采取的评价机制是考查学生课堂表现情况，或是由学生自行录制韩语口语表述的光盘，或是在期末考核时进行口语测试。很显然，这些评价机制还存在不足之处，需要改进的地方还有很多。事实上，不管高校采取哪一种韩语口语评价机制，都可以优先考虑现阶段很多大规模韩语考试中采取的分解评分法。分解评分法就是将韩语考核分为几个部分，有针对性地进行韩语考核，其中每一部分都包含韩语口语的评价和分数，且每一部分的口语成绩都是独立计算的，这样不仅能有效地防止"一棒子打死"现象的发生，减少学生自尊心受挫的现象，还能诊断出学生在某部分学习过程中存在的缺陷，有利于学生充分认识到学习的重要性。高校要致力于评价机制的研究，制定出一种规范化、科学化、合理化的评价机制，既要能够体现出学生韩语口语学习的结果，还要能促进学生口语技能的提升，切实提高学生的韩语口语表达能力。

6. 构建跨文化语境

韩语是韩国文化的载体，韩国文化又是韩语发展的基础。韩语口语体现出来的是跨文化的语境交际。因此，韩语口语的教学要立足于韩国文化的基础之上，再开展实际的教学活动。韩语教学过程中遇到的最大阻碍就是韩语文化和中国文化的不同，韩国文化有强烈的地域特征和民族风格，非常值得韩语研究专家的重视。另外，韩国语言的文化体现在韩国的语境中，可以以此作为抓手开展教学研究。在韩语教学专家看来，韩语语境可以分为三个方面，包含从宏观应用到微观的表现、全文连接的语境和情境创设语境。文化语境主要体现在第一部分的语境当中，它是在开展韩语对话沟通的过程中，要求能够充分考虑到韩国文化对韩语对话沟通的影响，同时它也是培养学生韩语口语能力的重要保障，具有十分珍贵的教学价值，这也是目前高校韩语教学的重要研究对象，有实际的指导意义。因此可以说，构建跨文化语境对韩语口语教学具有十分重要的作用，有利于切实提高韩语口语教学的质量，帮助学生更好地学习韩语口语技能。

第三节　韩语阅读教学提升对策

一、韩语阅读教学的意义

阅读作为韩语学习中的基本技能之一，在韩语学习中占据着颇为重要的地位，同时也是韩语交流中的重要工具，是韩语教学的使命之一。鉴于此，在现代韩语教学中应将对学生阅读能力的培养放在重点突出的位置。阅读教学除了可以让学生获得大量的文化、科技、社会知识，还有助于提高学生的语言综合运用能力，对学生学好韩语有至关重要的影响。

第一，阅读教学有助于增强学生对词汇的掌握，帮助学生积累更多的词汇，为学生整体的韩语学习奠定基础。对于语言学习而言，词汇学习是运用的基础和前提，只有掌握了足够数量的词汇才有可能实现语言运用。实践表明，在特定的语境中学习单词，记忆会更加持久，阅读为词汇记忆提供了一个比较适合的语境，大量地阅读，为反复记忆和学习提供了机会，巩固了学生对词汇的掌握和理解，使得学生的记忆效率大大提高。并且，广泛地阅读也能够帮助学生扩大词汇知识的储存，为将来的综合运用做好铺垫。另外，阅读也是一个向学习者展现文字、句式、词义、语义等知识相互作用的过程，有助于扩充学生的语言知识。对阅读材料的充分正确理解是建立在众多语言知识基础上的。学生对阅读内容的理解程度直接受其语言知识掌握程度的影响，之所以进行大量的阅读就是为了使语言得到充分的应用，利用阅读材料所营造出来的自然语言环境，促进学生对词义和语义的掌握。因而，阅读活动既是学生学习语言知识的过程，又是学生实现对语言知识应用的过程。同时学生对词义、句法和语义理解与掌握程度的提升，也将反过来推动学生进行更广泛的阅读。所以阅读与学生语言能力之间是相互影响、相互促进的，这种良性的循环可以帮助学生在语言学习中更加投入，思维能力更加成熟。

第二，韩语阅读教学有助于提高学生的韩语听、说、写、译能力。学生的辨音能力对学生听力的影响是有限的，真正影响学生听力能力的主要原因是学生对词汇、语言规律以及文化背景知识的掌握，而这些往往在很大程度上受到学生阅读质量的影响。同样，学生的口语表达能力也不是单纯地取决于学生的语音语调是否标准纯正，它也受学生阅读质量的影响，取决于学生对语言材料的掌握和对文化背景的了解。而学生韩语写作能力和翻译能力的培养和提高更是离不开阅读的支撑。大量地阅读可以帮助学生接触和了解各种各样的文章题材，掌握更多的写作技巧和要领，更好地把握文章，而学生翻译能力的提升也正是建立在此之上。综上可知，提高学生的韩语阅读能力对提高学生听、说、写、译能力有极大的裨益，是促进学生韩语语言能力全面提高的重要保证，是实现优质韩语教学的必经之路。

第三，韩语阅读教学有助于促进语言教学与文化教学的接轨。语言和文化之间有着千丝万缕的关联。从根本上来讲，语言实际是文化的一部分，代表着一种文化现象；相对的语言也是文化的承载体和传播媒介，语言的学习过程其实也可视为一种文化的学习过程，韩语学习同样如此。了解和熟悉韩国的民族文化是学生在韩语学习中必不可少的环节之一。在韩语教学中，阅读教学为语言教学与文化教学的结合提供了绝佳的途径。韩语阅读教学素材取自真实的社会生活，内容丰富、涉及面广，为学生进一步了解和认识韩文化创造了良好的空间与机会，同时也使得语言学习更加生动有趣。除此之外，阅读材料也为读者营造出一个比较自然的语言环境氛围，有助于学生韩语思维模式的形成，为学生韩语表达能力的提高提供保障。

第四，韩语阅读教学对大学生人文素质教育有辅助作用。人文素质是人内在品质的集合体，包括人的知识、能力、情感、意志和观念等多种因素，外部表现为个人的人格、气质、修养和精神。通过知识传承、环境熏陶的方式促使学生将优秀的人类文化成果不断内化成自己的内在品质，即为人文素质教育。在韩语阅读教学中，对韩国语言知识、文化习俗的学习是其教学的目标之一，培养学生的各种能力也是教学的目标之一。其中各种能力包括语言能力、阅读理解能力、跨文化交际能力、语言运用能力、认知能力、观察能力、分析能力、逻辑思维能力、联想能力、想象力、判断力、记忆力、创新力、探索能力、自主能力、合作能力等。这些能力的培养和提高均为学生科学精神的形成和人文素质的提高提供了较大助力。从整体上来看，人文素质教育贯穿语言阅读教学的始终。鉴于阅读教学的性质，语言文化教学是韩语阅读教学中不可缺少的一部分，通过对语言文化的学习，学生可以进一步了解材料的历史背景、文化背景，从而更好地理解材料的内涵。因而从建构主义的角度来讲，加强对学生韩文化知识的教学是十分必要的，这既能够提高学生的语言理解能力和文化识别能力，又能够帮助学生从人文的角度正确而充分地理解阅读材料的内涵；既达到了语言教学的目的，又提高了学生的人文素质。

第五，韩语阅读教学有助于促进学生跨文化交际能力的提高。本族语者与非本族语者的交际，或者是语言、文化背景有差异的人之间的交际，即为跨文化交际。语言能力、非语言能力、跨文化理解能力和跨文化适应能力均属于跨文化交际能力，这些能力是根据背景迥异的语言交际者使用语言的得体性和适度性而判定的。从教学内容的角度上看，中国和韩国不同文化体系和文化形态的碰撞是学生形成跨文化交际能力的基础，文化内容或信息的传递是跨文化交际的途径。因而我们务必要重视韩国文化的导入，增强学生对韩国文化的鉴别能力和敏锐性，促进学生形成跨文化意识。值得强调的是，这个教学目标的实现离不开韩语阅读教学的支持。在韩语阅读教学中，阅读素材中所包含的大量韩国文化，将韩国特有的社会风貌和文化价值观念、道德观念以文本的形式展现在韩语学习者面前，让学生意识到在不同的文化背景下，人的说话方式、习惯也会有所不同。同时，阅读教学将文化传播与语言教学相结合，帮助学生理解韩国文化和语言现象，促使学生对本国文化有更好的认识和掌握。另外，在文化对比的过程中，中韩文化的交流和碰撞作为韩语学习中不可避免的现象，有利于学生进一步意识到中韩文化的差异，从而在跨文化交际领域有更多的成长。

综上所述，韩语阅读教学在整个韩语教学中起着先导性的作用，对听、说、写、译等技能教学起辅助作用。在韩语阅读教学中，教师应帮助学生尽可能地积累更多的词汇，加深学生对韩国历史文化知识的了解，提高学生对语言技能的掌握和运用能力以及阅读理解能力和跨文化交际能力，最终促进学生韩语水平的全面提高。

二、韩语泛读课程

韩语泛读课程是与韩语精读课程相对的存在，二者互为补充，韩语泛读课程也是韩语专业的重要课程之一。区别于精读课程以语法、词汇辨析为主的讲授特点，泛读课程教学更侧重于提高学生阅读的质量和效果，希望借此来拓展学生的知识面。泛读可以帮助学习者获取更多知识，促进学习者学习能力的进一步提高，然而在现实中，大多数人仅将泛读作为精读的陪衬，忽视了其在语言教学中的重要性。

（一）泛读的概念和重要性

早在 20 世纪之初，阅读法就被语言教育学家视为第二语言教学法的基本理念，同时"精读"和"泛读"这两种阅读概念也是此时提出来的。泛读是指一种大量、广泛的阅读方法。范围极大、涉猎极广以及"不求甚解只求读好书"是泛读最鲜明的特点。就语言知识和语言技能的获取和提高上来讲，泛读在帮助学生巩固所学知识的同时，也能增加学生的词汇量，提高学生的写作能力；而就对阅读情感的培养和促进上来讲，泛读可以为学生提供更多的接触和学习语言的机会，促使学生的阅读情感更加丰富，阅读兴趣更加浓厚，在阅读中越发自信，从而促进学生综合语言能力的提高。总而言之，泛读的作用和重要性就在于它可以帮助韩语语言水平处于中、上等的学生更好地学习韩语，更牢固地掌握韩语语言的运用技能。

（二）韩语泛读实践教学

鉴于以上论述内容，如何进行韩语泛读训练成为韩语教学实践中亟待攻克的问题之一。基于对国内外泛读研究现状的探索和总结可知，泛读教学实践研究是由课程设置研究、泛读教材与课外读物编写研究以及泛读教学的实施与监控研究等内容基础构建而成的。

1. 课程设置

由上文可知，泛读教学有颇为重要的教育意义，但在实际的教学中却处于被忽略的位置。我国高校韩语专业的"韩语泛读"课程多数是在二、三年级才会有，且一般为期两个学期，每周仅安排 2 节左右的课时。另外，在国内韩语泛读的教学中，教材在编撰和选用方面比较随意，教学方法相对滞后，教学效果不甚理想，学生对教学的满意度一般。就课程设置的角度而言，精读课程的地位明显要高于泛读课程，这在一定程度上抑制了泛读课程的发展。

2. 韩语泛读教材与课外读物的编写

当前，人们对泛读的阅读模式已经达成了一些共识，即秉持自由自愿的原则去阅读。泛读应该是一种享受，能够使人身心愉悦；泛读的材料应是广泛而又具有趣味性的。所以在泛读材料中不应有过多的生词。目前我国在韩语泛读教材与课外读物的编写方面还处于起步阶段，在内容的选定上和学习环节的设计上还存在诸多有待改进的地方。韩语课外读物良莠不齐，市场上大多是针对普通大众的韩语读物，少有适合韩语中级学习者的资料和读物。

3. 韩语泛读教学的实施与监控

国内教育教学研究者在对泛读课堂教学进行深入研究后指出，教师作为教学中的主导者应在泛读教学中充分发挥其主导作用，向学生示范作为一个读者应有的泛读方式。基于泛读的特殊性，如果将以"教""学"为主的课堂教学称之为"小课堂"，那么课堂教学外的学习就可称之为"大课堂"。如何充分利用好"大课堂"进行更广泛的阅读即为学者研究的重点。"小课堂"在对学生的泛读教学中仅是起画龙点睛的作用，旨在指导学生大体的阅读方向和方式，如果仅靠"小课堂"的学习来提高学生的阅读水平是不够的，"大课堂"的铺垫是尤为重要的。鉴于此，在"大课堂"的泛读实践中，应强调以下几个注意事项：其一，应充分考虑学生的阅读兴趣，选择通俗易懂的泛读材料；其二，泛读材料不应局限于某一个领域，而应广泛多样，促使学生多角度、多样化地进行阅读；其三，尊重学生对泛读内容的选择，强调学生的自主性；其四，鼓励学生进行大量的、广泛的阅读；其五，引导学生形成良好的阅读理念，从而使学生在获取知识的同时享受阅读带来的乐趣；其六，教师应明确泛读的目的和意义，在学生泛读之后不应再布置读后练习。此外，鉴于泛读的特殊性，学生的泛读最好是在一个相对安静的环境下由学生个人独立完成，这样泛读的效果会更佳。

4. 泛读教学新模式——"课堂图书馆"

受外部大环境的影响，我国的韩语教学发展时间不长，教学的不少方面均是向英语等其他外语语种的教学模式借鉴而来的。就韩语泛读教学而言，它采取的是一种"课堂图书馆"的新型教学模式，即赋予课堂教学图书馆的功能，方便学生就近阅读。相比普通的学校图书馆而言，这种课堂图书馆小而灵活，可以根据每个自然教学班的学生兴趣、年龄、水平、知识结构等来收集书籍，学生在借阅、使用时更加方便，也使书籍的使用效率大大提高。另外，在课堂图书馆中，对阅读材料难易水平的控制均是基于教师对学生的了解而统一布置的，这种系统化的模式为优质的阅读奠定了基础。

综上所述，韩语泛读教学是韩语教学不可缺少的一部分，是中等水平韩语学习者提升阅读能力、韩语综合运用能力的重要途径。因而，在韩语教学中，一方面应突出泛读教学的重要性；另一方面要对泛读教学实践做进一步的探索和创新，吸取更多的先进教学经验，将韩语泛读教学引向更科学的道路。

三、韩语精读课程

从教学方法角度分析，韩语精读课程的讲授需要从学生实际的学习需求出发，依据学生在学习风格和学习方法方面存在的差异来提高教学模式设计的有效性。教师本身在教学方法选择方面也不应局限于某一种教学方法，而是需要通过各种教学方法的整合达到最终的教学目的。以不同性质的课程为依据实现对教学方法的改进，其中就涉及参与式教学方法、启发式教学方法以及研究式教学方法等。

作为一门综合性课程，韩语精读课教学在语言基础知识讲授方面涉及语音、词汇和语法等多方面内容，除了写作训练、翻译训练和阅读训练相关内容外，在语言技能方面还包括韩语会话训练的内容。以往韩语精读课教学的实施一般是沿用传统的教学模式，通过反复领读的方式完成韩语发音的讲解；而词汇讲解时则是从相近的汉语意思出发，通过同义词和反义词的讲解梳理韩语词汇；语法讲解也是对应相关的汉语含义，并借助例句反复锤炼韩语的语法；至于课文讲解则是通过学生读课文和教师领读课文的方式，进而过渡至韩语课文的翻译教学。从具体的教学步骤分析，尽管教学方法所取得的教学效果有着显著的实用性特征，然而对传统教学方法的沿用也不免使得整个教学过程显得简单和乏味，在固定的教学模式制约下，传统的韩语教学步骤难以满足学生实际的听课需求，并且在韩语专业教学实效性提升方面也显得比较有限，这就需要对韩语教学方法进行革新，以促进预期教学目标的实现，在全新的教学模式中提高教学方法与学生学习之间的适应性，切实提高高校韩语专业课程教学质量。从自身的韩语专业教学实践出发，笔者拟从以下几方面针对韩语精读课教学的方法与心得进行如下概括。

（一）发音教学

不少人指出韩语的发音和汉语发音之间有着极大的相似性，因此对于中国人而言，韩语的学习应当是相对简单的。然而，对于高校韩语专业教学而言，韩语教师应当在最初的韩语发音讲授时就指导学生合理区分韩语发音和汉语发音之间的区别，切忌将部分韩语发音等同于汉语的发音。

1. 韩语辅音教学的注意点

相较于汉语发音而言，韩语在辅音发音方面突出强调了口腔肌肉要绷紧以及唇形要正确，其中尤以送气音和紧音的发音最为关键，这就需要教师在韩语专业教学中讲解清楚送气音、紧音以及松音之间的发音区别与联系。在大学一年级基础韩语教学方面，本需要突出对送气音发音和紧音发音的规范性纠正，然而在教学实践中我们却发现，韩语辅音发音教学的难点并非在于送气音与紧音的发音教学，而是在于辅音教学中的松音教学。这主要是由于韩语辅音中的松音发音相较于韩语中的拼音声母而言既有联系又有区别，尽管不少韩语的松音采用的是韩语声母的发音方式，但还是存在不少差异。例如，一些学生在发音练习中极易将"ㅅ"的音发成汉语拼音"z"，而"ㅅ"的正确发音应当是在软腭上升的过程中堵住鼻腔通路，同时利用舌头抵住下齿背，并且舌面前部分靠近上齿背与硬腭，使得气流从中间缝隙中挤出，至于汉语拼音"z"的发音要领则是舌头抵住下齿背，舌面前部分靠近上齿背与硬腭的部分。因此，教师在讲授"ㅅ"的发音技巧时应当通过对"z"的发音反复对比来强调二者存在的区别，这对学生理解发音技巧以及提升实际发音能力都有积极的指导和促进意义。

2. 韩语元音教学的注意点

相较于汉语发音而言，韩语元音发音在口型变化方面更加多样化。在中国人看来韩语在元音发音方面较为夸张，甚至在最初接触韩语元音发音时还会忽略对自身嘴型的基本要求，这就使得整个发音过程不够准确。韩语元音的数量为21个，具体学习时仅仅需要掌握好其中5个元音的发音，其余元音的学习较为简单，这5个基本元音为아、어、오、우、이，其中아和이的发音与汉语"a""i"发音极为类似，它们的差异在于这两个发音相较于韩语发音而言幅度更大，아在发音时应当尽可能张大嘴发音，而이的发音则是尽量咧开嘴角。어, 오, 우这三个音发音时的嘴型是汉语中并不具备的，어发音时需要上下嘴唇微微张开，至于오和우这两个音发音时则要向前突出嘴唇，오的发音要领是嘴唇拢圆，保持嘴唇中间的空隙状态，우发音时嘴唇向前突，尽可能将唇部肌肉收紧。

（二）词汇教学

高校韩语教学的实施不应忽略词汇教学的重要性，还应将词汇教学置于韩语专业课程教学的核心地位。与此同时，词汇教学也是韩语精读课教学的重点所在。

词汇教学时，在生词讲解方面可借助领读和与汉语意思相对应的方式进行讲解，除此之外，还可通过提出关联词语来辅助学生对于特定词汇的理解，并指导学生合理区分同义词之间的区别。由于韩语里面的汉字词数量约占词汇总量的 70%，使得中国学生在学习韩语时，相较于其他国家学生而言本身就具备了一定的优势，并且在单词记忆方面也更加容易。另外，由于韩语词汇中的不少形容词和动词的结构构成是在汉字词基础之上添加"하다"构成的，因此韩语精读课中的词汇教学可从汉字词的演变来对韩语词汇进行拆分，这将有助于韩语单词的讲解与记忆。

（三）语法教学

在笔者看来，高校韩语专业精读课教学可适当淡化韩语语法的教学，然而这并非意味着在精读课教学中不讲授语法或是取消语法，而是通过句型化的方式弱化语法教学在韩语精读课中所占的比例。在韩语学习的过程中中国学生不免会受到汉语因素的影响，这就需要教师在韩语精读课教学中能够在语法句型方面区别与汉语之间的联系。例如，在数量词位置方面，韩语和汉语在表述时是完全不同的，这就使得学生极易在韩语语句组织时通过韩语的语序对其进行整理，如在表述"一个人"时，韩语的正确表述方式为"사람 한 명（人—名）"或"한 사람（一人）"，而很多学生会写成"한개 사람"，这就是错误的表达方式。因此在教学中要立足于韩语与汉语之间的语序调整，引导学生明确二者之间存在的差别，以便在掌握韩语语法的同时也提高自我语言组织的合理性与规范性。

（四）课文讲解

对于高校韩语专业精读课课文讲解教学而言，其一般步骤基本表现为对课文的领读、学生朗读以及对课文的翻译，然而从教学实践过程不难分析，这一教学模式难以激发学生的学习主动性，且在教学效果方面也不够令人满意，甚至存在学生上课犯困的现象。因此，精读课的课文讲解可在领读和翻译的基础之上给予学生更加充足的自由阅读时间，以突出学生的课堂主体性。针对一些议论性和知识性特征较为显著的文章，可通过小组学习或是学生自学的方式展开，并且以学习报告的形式呈现出来，以便教师掌握学生对于文章的理解程度，达到培养学生自主学习能力的目的。而一般性课文则可由教师提出与课文相关的问题再引导学生对其进行理解和翻译，从而使学生寻找到对应的问题答案，更好地理解文章内涵。情境作用的发挥也是韩语精读课教学需要重点关注的内容，教师可借助课本剧的方式组织学生参与表演，这在强化学生知识体系的同时也是对其学习积极性的有效激发。全新的教学手段运用到韩语精读课教学当中，使得韩语课程教学越发受到学生的欢迎，这对教学实效性的提升将产生积极的促进作用。

四、韩语文学作品教学

语言与文化之间有着十分紧密的联系。掌握作为文化载体的韩语是真正理解韩国文化的基础，而学习韩国文化也可以为学习韩语提供不少的便利。当学习者对韩国历史、文化、传统、习俗以及生活方式和生活细节了解得越深、越细致，其韩语的使用和理解能力也会获得相应的提升。目前的韩文化教学大多是依托一些优秀的韩国文学作品来完成的，通过文学作品，将文化教学与语言教学有机地结合在一起。文学作品中所反映出来的强烈的语言因素，为培养韩语学习者形成较高的韩语语言构思能力提供了宝贵的机会。在学习母语的过程中，学习者可以接触到许多母语文学作品，且其本身也具备一定的阅读能力。然而，在学习非母语的过程中，如何正确地解读文学作品中的文字是非母语学习者需要首先解决的问题，因为非母语学习者对文学作品的阅读能力有限，只有弄懂了文字的意思才能对其文学意义做有效的解读。而要想真正吃透文学作品的内涵，仅熟悉其中的语言信息是不够的，还要了解孕育该文学作品的文化。对于非母语学习者而言，学习文学作品，既有助于增强其语言能力，又有助于提高其文学素养。因而，从总体上来讲，将文学作品运用到韩语教学中，可以促进三种教学目标的实现。其一，有助于韩语学习者牢固地掌握基本的文化知识，尤其是词汇构成方面的知识。其二，可以提高韩语学习者的阅读能力。其三，促进韩语文化教学与语言教学的结合，拓展韩语学习者的知识面，促进其对韩语文学的了解。

纵观韩国文学作品可以发现，其数量庞大、内容广泛。其中具有韩语教学价值的不在少数，但是大多数文学作品作为教学素材的教学重点多集中在语言教学上，比如，在将著名古典文学作品《春香传》《兴夫传》以及《檀君神话》作为教学内容的韩语教学中，教学大多是以词汇解析、单词填写、听写练习等语言方面的教学为主，对文化理解方面涉及较少。对于韩语学习者而言，了解韩国人的生活习惯和思维方式是其更好适应韩国传统文化、融入韩国生活所不可避免的环节，而阅读和学习韩国文学作品则加快了这一进程和目标的实现，起到了重要的推动作用。不同于一些行为习惯、民族风俗的学习，精神文化和价值文化是抽象的，学习者的认知只能在不断的知识积累和形象化的想象中形成。因而，韩语教学中所选取的文学阅读材料，既要能激起学生学习韩语的热情，又要能使得韩语教学变得更加丰富充实，而民间故事正好符合韩语阅读教学中文学作品选材的条件。

将韩国民间故事运用到韩语教学中，一方面有助于提高学习者的阅读能力，另一方面也为学习者进行中韩两国文化的对比提供了一个很好的平台，促使学习者对韩国人的思考方式和价值观念有更深入的认识。基于以上背景，下面就实际韩语教学中教师如何利用民间故事来进行韩语文学作品教学做浅要的探析。

（一）民间故事题材的特征

民间故事题材作为文学作品中使用频率较高的题材，具备以下两点特征。

一方面，民间故事是民间文学的重要门类之一，大多数是口头文学作品，因而也可以算作一种语言艺术。口头文学是民间艺术的一部分，是早期民间文学发展的主要形式也是后期书本民间文学的源泉。口头文学大多是代代口耳相传，因此时间和传播频率对这种文学的影响较大，且由于其传播形式的特殊性，口头文学的原型是很难留存下来的，保留下来的均与原型有所出入。

另一方面，民间故事并不是由固定的某一个人创作出来的，而是由一群人经过长期的创作而逐渐完成的。这一点在民间故事表达出来的意识形态、内容和事件结果上可窥探一二。不同于个人的短期创作作品，民间故事融入了集体的意愿和志向。大多数民间故事通俗易懂，是一种流传较广的文学作品，适合学习者作为文学材料进行阅读。另外，强烈的民众性和民族性是民间故事作为文学作品比较重要的特征之一。民间故事是由劳动人民创造出来的，且经过一代一代人的传播而形成的文化产物，同时民间故事创造的源泉来自现实生活，因此，民间故事往往带有一定的民族性，能反映不同地区的风俗文化、生活习惯等。民间故事总是一波三折，苦难与好运交替，这其实体现出人生就是应该有喜有哀的人生理念。民间故事还寄托着民众对美好幸福生活的渴望。大多数民间故事是以美好的大团圆为结局，这实际是民众将在现实中很难实现的愿望放在故事中来实现。

民间故事大多是以一定的社会历史为背景，且其能够得到广泛的传播或者长久的流传必然具有一定的趣味性；大多数民间故事是民众在现实生活的基础上进行了美化和赋有想象的创造，是借助文字将民众的美学形象化、立体化。此外，从故事的构造特点来看，民间故事中存在对立的状态，如正义与邪恶、善良与丑恶等，且民间故事的情节一般比较简单，在经历过一系列的波折后最终以主人公的愿望得到满足和幸福生活的开始为结局。

（二）民间故事活用的意义

第一，民间故事是由集体经过长期努力创造而成的，具有较强的共享性和共通性。韩国民间故事能够将韩国人的生活方式、情感和价值观等内容展现在韩语学习者面前，促使韩语学习者进一步理解韩国人的思想和价值观念。

第二，民间故事没有复杂的人设与背景，便于非母语学习者学习和理解。不同于其他需要特意润色的文学作品，民间故事口耳相传，具有一定的"变异"性。所以在将民间故事应用到韩语文学作品教学时可以根据学习者的水平，在保证基本内容不变的前提下，对故事做适当的改编，重新编写篇幅和词汇，以提高韩语民间故事的教学效率。

第三，大多数民间故事拥有悠久的历史，在长期的传承中已然形成了较强的生命力。它们承载着民众丰富的想象力、强大的创造力和对现实生活的渴望。因而将民间故事融入韩国文学教育有助于提升学习者的想象力和创造力，激起其学习韩语的兴趣，使其充分感受到韩语学习的乐趣。

第四，民间故事与韩国民众的关系比较密切，在韩语教学中活用民间故事，可以帮助学习者更好地理解韩国的文化历史和风俗习惯，且运用民间故事也利于拉近韩语学习者与韩语之间的距离。

第五，在民间故事中几乎没有一帆风顺的故事情节，总会出现对立和反复的情节。在韩语教学中活用民间故事，有助于让学习者更快地熟悉和掌握韩语常见的表现形式和语言表现习惯。

第六，民间故事实际上是一种口头文学，在韩语教学中善用民间故事有助于提高学习者的听力能力和韩语表达能力。

总而言之，在韩语教学中，教师应活用韩国民间故事，将语言教学与文化教学有机地结合在一起，在进行单词、句法教学的过程中要注重语言背后文化内涵的教学。运用民间故事使韩语课变得更加充实、丰富、有趣味,从而激起学生学习韩语的兴趣和热情,让学生在学习韩语的同时接触韩国文化,了解韩国传统文化和韩国人的价值观、人生观。

第四节　韩语写作教学提升对策

一、韩语写作教学存在的问题

(一)中文式韩语问题尤为显著

中文式韩语是国内高校韩语专业教学在写作教学方面存在的突出问题。这是由于对大多数中国学生而言,其实际的韩语表达能力不够娴熟,而对应的汉语思维能力却较为成熟,因此在韩语写作中通常会遵循汉语思维习惯来对韩语写作内容进行编写,导致其完成的韩语写作难以与实际的韩语表达习惯相符合,这也是现阶段高校韩语写作教学亟需正视的问题。比如,"承蒙您挂念,过得很好",译文"걱정해 주시는 덕분에 잘지내고 있습니다."(正确)"생각해 주시는 덕분에 잘 살고 있습니다."(错误)。例句中"挂念"应该译为"걱정하다(担心)","생각하다(想)"在韩语中并没有"挂念"的含义。从这一例句中不难分析,韩语写作极易受到母语思维的影响,进而降低韩语写作表述的准确性。

(二)短语及词汇使用不够准确

作为韩语写作的主体,词汇在写作教学中的重要性不容忽视。同属汉字文化的构成范畴,中国与韩国在文字方面也有一定联系,这就使得学生在进行韩语写作时直接对中文词汇进行翻译,这就不免使得在短语和词汇使用方面存在一定的偏差,进而影响到韩语写作的正常表述。比如,"因为韩语水平不高,所以韩国语说得不好。"这句翻译时"한국어 실력이 좋지 않아서 한국어를 잘 하지 못한다."(正确)"한국어 실력이 높지 않아서 한국어를 잘 하지 못한다."(错误)例句中,"높지"一般用来表示空间高度,而水平则应当选择"좋지"。错误的例句不仅存在词汇搭配混乱的问题,且在语言要求方面也存在一些弊端。

(三)时制、词尾及助词等语法知识欠缺规范

韩语写作的一大难点正在于时制、词尾以及助词的使用方面,其中助词突出对某种关系的描述,同时也担任剧中的某种功能或是结构成分,词尾是对韩语语法现象的丰富,而时制则是主要包括过去时、现在时以及将来时三个部分。复杂句子中的语法问题往往是学生的软肋。比如,"因为星期四玩游戏到很晚,所以星期五早上上课迟到了。"译文"목요일 밤에 늦게까지 게임을 해서 금요일 아침 수업에 지각했다."(正确)"목요일 밤에 늦게까지 게임을 하니까 금요일 아침 수업에 지각했다."(错误)在例句中,"아/어/여서"表示一般原因或是理由,而"니까"则是对说话者主观感觉与想法的强调。

(四)敬语与简体表达以及口语和书面语混淆

无论是敬语与简体表达还是口语和书面语表达,在韩语写作教学中都有严格的规定,然而不少学生在使用敬语、简体、口语以及书面语表达时经常出现相互混淆的问题,忽视了对其写作表达方式的规范,口语化问题较为严重。敬语与简体表达的随意性,无疑使得整体的韩语写作质量有所降低。

二、韩语写作教学提升策略

(一)教师方面的提升策略

1. 提高韩语写作知识讲授的系统性

高校韩语专业写作教学实效性的提高,需要教师在思想意识方面积极转变传统的教学观念,从根本上突出写作教学的重要性。首先,教师应从课程教学研究出发,在有机结合五项基本技能的基础上提高写作教学方法选择的实用性与先进性。其次,在系统性的写作知识掌握方面应当与范围内容讲解相结合,切实做到段落和层次分明,体现各段落之间连接的流畅与自然,在结尾处推动写作思想内容的进一步升华。最后,精彩句式的数量约为一到两个,惯用句型大约为三至四个,这样的写作表达才能充分和流畅。

2. 实施网络化韩语写作教学

计算机与网络技术的快速发展,对于语言教学而言是不可缺少的技术优势。计算机网络辅助教学作为一种全新的韩语教学手段,已然在高校韩语专业教学中

得到落实。从学生实际学习需求出发，教师在教学活动设计方面可借助多媒体技术来突出写作内容的生动和形象，并以此为基础进行有效的韩语写作训练。除此之外，学生也可借助互联网来完成相关写作资料的收集，并借助电子邮件等网络媒体及时与教师展开语言沟通，这对于韩语写作问题的纠正以及学生写作思维的形成都有积极影响。一些学习软件也可积极应用于高校韩语写作教学当中，这些软件在使用过程中，能够及时指出学生写作中存在的词汇和语法问题，这对于指导学生的韩语写作是有效的。可见，韩语写作教学中网络和计算机技术的引入，不仅使得原有的写作教学模式得到改善，而且很大程度上使得写作教学课程的实施变得更加具有趣味性，学生的写作热情也得到了有效调动，这对于韩语专业教学实效性的提升是重要的保障。

3. 突出韩语写作过程指导的必要性

结果教学法是我国写作教学中重要的写作方法之一，这一教学方法在写作中的融合，突出体现在学生的写与教师的评两方面，通过单项交流的方式实施写作教学。然而，这一教学过程中学生的写作初稿即为学生的写作成稿，甚至难以从教师的评改中获得启发，这就突出了对学生写作过程指导的必要性。相较于传统写作教学方法而言，过程写作法应用在高校韩语教学中的出发点在于写作过程，实际上写作过程也为教师教学的核心所在，这对于写作教学效果提升大有裨益。过程写作法在韩语教学中的实施可突出体现为写作之间的准备工作、初稿写作、写作评改、写作修改四个阶段。在写作的准备阶段，学生在理解写作要求后可完成对相关写作资料的搜集，并完成写作提纲的拟写。写作的初稿完成阶段，教师不应过多关注于学生语言形式或是语言组织中存在的问题，而应重点分析学生的写作思路是否存在问题。教师对于写作初稿的审视可提出学生在韩语写作中的优点及不足，并给出参考建议。写作修改时学生可依据教师的指导建议来对文章内容进行梳理，重新修改和润色文章，甚至对文章进行重写，以此达到最佳写作效果。

4. 改进教师写作评改方法

文章评改是高校韩语写作教学中的重要环节之一，这既是对教师自身教学能力的考查，同时也是衡量学生写作成败的重要依据，合理有效的评改过程有利于学生整体写作水平的提高。因此，教师在对学生文章进行评改时既需要考虑到学生的成稿是否与写作要求相符合，同时还应当对其语言组织与写作结构进行考查，纠正学生写作过程中的语法错误。不可否认，这样的评改过程可能对于教师而言是庞大的工作量，甚至会造成事倍功半的效果。因此，针对存在的问题，教师可积极革新在韩语写作过程中的评改方法，提高写作评改效率。比如，样本批改的方法就可在批改学生写作时，采用抽查的方式对学生文章进行详细纠正与评改，提出学生在写作过程中存在的优势与不足，达到以点带面的评改效果。与此同时，批改符号的设计也是行之有效的写作评改方法之一，批改符号的设计有助于学生自我写作纠错能力的提升，并且能够以此为依据进行自我评改。这不仅保证了写作评改的质量，而且能够使得学生在互评和互改的过程中加深对韩语知识的理解，避免写作错误的再次发生。此外，学生针对自己写的文章可能并不能够轻易发现错误，这时借助互改的方法及时发现写作中的错误，对于高校韩语专业学生写作水平的提升有积极的促进意义。

5. 培养应用文的写作规范

外资外贸企业的文秘岗位是高校韩语专业毕业学生今后的主要就业方向，因此在写作教学方面就应当突出对学生应用文写作能力的培养，因为其中自然涉及工作的日常安排、求职信、致歉信以及感谢信的写作等。借助有效的写作训练能切实促进学生应用文写作能力的提高。与此同时，写作指导过程还应突出对格式和文体的规范性指导，明确其中书面语、简体、敬语以及标点书写的基本要求，采用文稿纸写作的方式纠正学生在写作中存在的错误，这对于韩语专业学生的行为规范以及写作习惯的培养至关重要。

6. 充实韩语写作教学内容

写作教学在以往韩语专业教学中的实施突出了对韩语句法、语法及词汇等方面的指导，通常教学步骤为三个层次，即教师命题，然后学生完成写作，最后由教师对文章进行评改。这一教学模式使得学生的写作学习相对单一，忽略了对写作过程和写作内容的指导。写作教学不应忽略对写作过程的指导，而应在交互学习的氛围中满足学生的实际学习需求。将写作视为教学的重要过程，并积极营造乐学和好学的写作气氛，这对于韩语写作是重要的辅助。初稿写作时学生应当敢于尝试，享受写作教学带来的乐趣，突出韩语写作教学的多变性。同时，技能教学在写作教学中的重要性也不可忽视。通过实例教学的方式指导学生相关写作技巧，并以学生实际学习情况为依据控制教学进度和选择学习内容，这对于学生写作技能的提升尤为重要。教师的引导和学生的亲身实践是提高学生独立学习能力的有效途径，然而信息化手段的融入也不可缺少，信息化教学不仅能够达到丰富教学内容的目的，也有利于激发学生韩语写作的兴趣。

7. 掌握韩语写作评讲技巧

教师的批改环节作为韩语写作教学的重要组成部分之一是至关重要的，它是对学生写作优劣的及时反馈过程。肯定为主、纠正为辅是写作批改所坚持的基本原则，在恰当的评价机制下更加有利于学生写作积极性的提高，同时也是对学生自尊心的必要保护过程。它通过展览优秀作文的方式引导学生感受成功的喜悦，同时对于存在不足的学生及时指正，多表扬和鼓励，以激发学生的写作信心。学生写作过程中出现的语法或是词汇错误可采用个别辅导的方式个别指出，严格控制错误率，这也是保护学生写作信心的重要举措。不可否认，大多数学生在韩语书面表达能力方面较为欠缺，这与教师的教学方法存在一定联系，所以作文批改这一重要环节就应当重视过程性批改的重要性，在培养学生良好写作习惯的同时也形成必要的写作规律，强化各种韩语文体的写作训练，这对于提升韩语教学实效性极为重要。

（二）学生方面的提升策略

1. 巩固韩语基础知识

首先，重视对常用词汇和短语的积累。词汇的丰富与否直接关系到写作的成败，缺少必要的词汇量累积会使学生写作时感到无从下笔，并且写出来的语句也经常前后不通、思维混乱，显得没有条理。以韩语精读课教学为例，由于教材的选择大多来自韩国名家之作，因此，在文章中每个段落都可发现精彩的词汇或是语句，它们的出现使得整篇文章变得更加生动和完整，学生可对其中的精彩词汇或语句进行摘抄，以这样的方式积累自我写作素材，并熟读成诵，便于在自我写作过程中使用这些精彩词汇与语句。

其次，重视对语法知识的巩固。句子是韩语写作教学中的另外一个构成要素，因此，在实际教学过程中，教师需要针对韩语和汉语两种语言展开有意识的对比，明确二者在语法结构方面存在的差异，并针对其中一些特殊的结构或是句型完善课堂教学活动的设计。韩语基本写作句型的强化一般采用的方式是完成句子、造句或是韩语与汉语之间的互译。这既是促进学生良好韩语写作思维形成的有效途径，同时对于学生韩语写作语感的增强以及对母语干扰的克服都有积极影响。在熟练掌握韩语写作句型的基础上，学生还应切实做到触类旁通和举一反三，通过对各种句型的正确使用，使得写作成稿切实与韩语表达的习惯及规则相符合。

最后，重视平时阅读量的增加。大量的阅读是提高学生写作水平的关键，通过限时阅读训练和广泛阅读来增加写作素材的累积，对于学生书面信息吸收能力的提高以及写作技能的完善有着积极的促进意义。除此之外，阅读量的增加还能够进一步达到丰富学生知识储备和语言知识的目的，使得学生更加完整地了解与韩语学习相关的文化背景。从写作教学的实践过程不难分析，高校韩语专业教学尤其需要重视对学生韩语阅读范围的拓宽，只有切实加大语言阅读量才能有效增强学生的写作表达能力。由此可见，韩语专业写作教学除了需要立足于课文内的写作教学外，也不应忽视从课外阅读材料中积极寻找有利的写作素材。

2. 加强韩语写作练习

学生的韩语写作水平难以得到提升，既在于学生写作信心的缺乏，也在于学生写作基本功不够扎实，这就使得学生在写作过程中束缚了自我写作思维，影响到自身水平的发挥。这就需要学生从增强自我信心入手，在犯错误的同时积累写作经验，促进自我语言表达能力的改善。练习是语言训练不可缺少的一部分，高校学生在写作练习时可采用自由写作的形式训练自我的写作思维，坚持用韩语完成观后感或是读后感的写作，在由简到繁的过程中积累写作经验，这不仅能够达到扩大自我词汇存储量的目的，还是提高写作教学实效性的重要方面。

3. 排除母语思维的干扰

作为语言思维表达的重要形式，写作是在特定的文化结构中阐述文化思维的结构模式。写作的教学过程不仅与民族文化特征有着密切联系，还是对韩语和汉语语言特点的概括，教学难度可想而知。这就需要从韩语思维训练入手，在不断夯实自我语言功底的同时也关注到对自我思维的切换，积极排除母语思维在韩语写作过程中造成的影响和干扰。除此之外，学生韩语思维的形成还可从交际准则及韩国文化习俗中获得，学生可将获得的思维应用于韩语写作训练当中，并且在平时的写作练习中重视对韩语近义词的深层辨析，明确二者在表达方式、思维模式以及篇章组织方面的异同。

4.扩充写作表达方式

借助背诵、模仿、阅读等方式进一步扩充写作表达方式。词汇量不足是学生在韩语写作中较为突出的问题，这主要是因为学生在平时学习中忽视了对韩语词汇量的累积。词汇量的积累除了来自课本中的词汇学习外，还可来自课外阅读。作为语言学习的重要基础，阅读在信息获取方面有着突出作用，在知识的积累与观察生活的过程中学生的写作技能能得到显著提高。例如，学生可依据自身的学习需求和写作水平选择典型的韩国文学作品或是韩语读物进行阅读，这对于学生写作水平的提升有很大帮助。在阅读过程中应当突出对常用词汇的记忆，如相关的韩语反义词、近义词或是固定的习语搭配等，这是扩充词汇量的有效途径。与此同时，在阅读过程中还能够加深对词汇、句型以及句式结构的理解，通过对典型句型的总结和精彩段落的背诵形成良好的韩语写作语感。此外，范文的背诵以及句式结构的模仿有利于更好地完成韩语写作，促进韩语写作技能的提升。平时积累的一些优秀篇章，可依据不同的主题及体裁等对其进行整理，并背诵其中的优秀段落，这样在实际写作中自然不会出现无从下笔的问题。

5.强化口头表达能力

借助说写转换的方式强化口头表达能力。韩语写作的基础还表现在学生口语的表达方法及口头表达能力两方面，因此，说写转换方式的应用就是提高写作技能的关键，借助口头语言表达能促进学生韩语写作技能的提高。写作作为口头语言的文字记录形式，它与口头表达之间有着紧密联系，这就需要教师在特定的语言环境中为学生营造更为有效的教学氛围，并鼓励学生敢于通过口头语言表达心中所想。除此之外，第二课堂的开展如韩语角或是韩语演讲等活动的开展，既是对学生口头表达能力的训练，同时对于学生写作能力的改善也有积极的促进作用。

第五节 韩语翻译教学提升对策

"韩语翻译是韩语教学中理论与技能紧密结合的重要教学内容，翻译教学的质量会直接影响到高校韩语专业人才培养的质量"。[①]

---

① 郑梅花.信息化时代韩语教学创新及翻译研究：评《中韩口译实训教程》[J].应用化工，2023，52（10）：2996.

一、高校韩语翻译教学现状

从教学目标来说，根据韩语专业的特征，韩语专业翻译教学要求完善自身的教学模式和教学体系。对于韩语专业面向社会的工作性质和韩语的使用状况而言，韩语专业的毕业生未来从事的工作大多要求与韩国人进行面对面的沟通，不仅如此，他们还要有足够的能力担任与韩国人对话的桥梁，有明显的使用功能特征和目的特征。因此，翻译是学生进行工作的必备能力也是最重要的能力。学生不仅要掌握最基本的翻译知识和技能，还要有实际的知识应用能力。这能为学生日后走向社会、从事韩语翻译工作打下扎实的基础。

从教学内容上来说，韩语翻译的教学最适合放在大二上学期开展。按照韩语翻译的教学计划，课程的开展可以从以下两个方面进行。

首先是笔译教学。韩语翻译教学课程要重点突出专业性，教学中必须使用能体现学生日后工作发展方向的教科书。考虑到高校学生未来的工作性质和工作内容，教科书应以日常工作文本为主，包括商务资料、使用说明、会议记录等方面。另外，韩语翻译教学的手段有过程教学法和翻译教学法两种。其中，过程教学法是向学生布置一篇韩语翻译文章，引导学生进行重点句型的分析，并提出问题让学生自主讨论得出结论，随后教师参照学生结论进行详细的分析，再鼓励学生自己动手实践的方法；翻译教学法则是向学生布置至少两篇韩语翻译文章，让学生自主进行对比，并分析两篇翻译文章中的优秀或不足部分，再由教师做最后的总结。这两种教学手段都对传统的翻译教学提出了挑战，改变了学生在学习过程中的被动位置，突出了学生的主体性。

其次是口译教学。口译教学由两部分组成即日常韩语翻译教学和商务韩语翻译教学。口译教学需要分开开展教学活动。第一时期是韩译汉，第二时期是汉译韩。口译教学有三个模块，短期学习、口译笔记和文本阅读。口译教学要求口译人员全身心地投入说话人所讲的内容中去，并能够理解。由此可以先向学生播放一段韩语文章，让学生记忆并能够复述出来，通过这样的方式来训练学生的快速记忆能力。与此同时，韩语教师应传授学生笔记的快速记录法，包括绘画、简拼记录等，引导学生进行关键词的记录。另外，要培养学生根据自己所记录的笔记完整地叙述出翻译文本的能力。

二、韩语翻译教学模式

（一）课内互动

课内互动由课前准备和正式上课两个部分组成。课前准备是指在上课之前，教师暂停韩语翻译技巧和翻译理论的传授，而是与学生先进行对话沟通，掌握学生的学习进度，再根据实际的翻译教学案例，将繁杂难懂的翻译理论简单化，以增强学生韩语翻译学习的自信心，为学生日后的韩语学习打下扎实的基础。与此同时，教师还可以与学生交流学生感兴趣的话题，但要以教学内容为中心，适当引申到学生感兴趣的内容上。

在正式上课中，教师需要根据讨论教学法和引导式教学法，改变传统的韩语翻译教学课堂模式，引入相关话题激发学生学习韩语翻译的欲望。通过这样的教学方法，既能够为教师和学生提供足够的互动机会，还有利于学生之间进行沟通对话，进行多方面的互动。在课堂互动中，教师可以将全班同学合理地分为四个小组，每个小组承担相应的工作。工作内容不仅有详细的材料翻译，还有理论翻译，学生应当事先搜集有效的资料，便于在课堂上开展讨论和得出结果。这样的互动有利于切实提高课堂教学质量。另外，情境教学也是一种有效的韩语教学方式，对韩语翻译教学课堂有十分重要的影响。

（二）课外互动

课外互动由课前和课后两个部分构成。课前互动指的是教师先把下节课要讲授的关键内容传达给学生，并提出相关要求，要求学生自主搜集有关的学习材料，并以小组的形式进行课前探讨，归纳出无法得到解决的问题，以表格的形式呈递给教师，让教师能够有针对性地进行韩语翻译的教学。课后互动是指在课堂结束之后，学生将课堂所写的翻译文本交给教师批改。文本涵盖了翻译学习中新的翻译技巧和翻译语句探讨等方面。教师和学生之间的交流互动，能促进学生更好地对韩语的翻译进行心得总结，也能够帮助教师深入了解学生的学习进度，开展有效的韩语翻译教学课堂。

（三）互动评估

教学评估是韩语翻译教学中的重要组成部分，根据评估结果能够具体了解学生的近期学习进度,以便及时改变教学方法,切实提高课堂教学效率。

(四)作业互评

作业的评改有利于教师掌握学生的学习状况,从而有针对性地进行教学方法的调整,开展有效的韩语翻译教学活动。韩语翻译作业的互相评论需要学生在其他同学的作业本上写下修改的意见,方便教师评改。通过这样的作业互动评估方式,教师不仅能够了解到该学生的学习进度,还能了解到修改该作业的学生的文本阅读能力和评判能力,有利于纠正学生韩语翻译的不足之处,帮助学生养成良好的韩语翻译习惯,促进学生更好地进行韩语翻译。

(五)课堂表现评分

课堂表现评分的主体主要由教师和学生担任。其中,学生评分分为学生自我评分和其他学生评分两种。课堂表现评分的具体评分机制是在课堂表现评分的结果中去掉一个最高分和一个最低分,并计算得出平均成绩作为最后的评分。课堂表现评分的比例分为:课堂教学内容占50%、逻辑思维占20%、应变能力占20%、阅读表述占10%。

(六)期末考试

在期末考试试卷中,不仅要有传统的翻译题型,还要加入适量的翻译评析题型,这旨在考查学生对所学翻译技巧的应用能力。例如,给出一篇译文让学生根据自己掌握的韩语翻译技巧,通读原本和译文,并对译文进行评估。这样的考核方法有利于增强教师与学生之间的互动,有利于教师对学生进行全方位的评估,并牢牢把握住学生韩语翻译学习的进度。与此同时,韩语的翻译是一项实用性很强的技能,如果要切实提高学生的韩语翻译能力,就要采用"实践、交流、领悟"的教学模式。培养学生韩语翻译的能力不仅需要教师的辅导,还依赖于学生的动手能力和应用能力。所以在韩语教学的过程中尤其要突出学生的主体地位,将互动式教学法有效融入教学活动中去,培养学生正确的韩语翻译意识,切实提高学生的韩语翻译能力。

在高校毕业生的工作中进行韩语的翻译是非常普遍的活动,大多数情况是使用韩汉双语翻译,如与韩国客户洽谈、进行产品的宣传、价格的商议等。按照上述工作的内容，高校韩语翻译教学可以进行双向笔译和口译的训练。[1]例如，在商务会议中，往往需要对相关客户发出邀请函，邀请其参与某仪式或活动，那么我们可以以对方发出邀请函的形式邀请对方赴约。一般来说邀请函是书面用语，因此可以进行韩汉的双向笔译，通常是按照以下的叙述方式：收到韩国客户的邀请函之后，将韩语翻译为汉语的形式供上司进行了解，上司用韩语回复，毕业生要能够将上司的回复翻译成韩语的形式。利用这样的教学方式，有利于学生充分认识到毕业以后的工作内容，同时还能够切实提高学生韩语翻译的实际应用能力，最终形成良好的翻译习惯，做到灵活自如地进行韩汉的双向翻译。

三、讨论式教学法的实践

第一，在韩语翻译教学的过程中，顺利实施讨论式教学法的前提条件就是学生能够独立进行思考。例如，在进行韩语称呼的翻译时，很多韩语称呼都是对于官职、姓名等的翻译，而这些内容在韩国的新闻导报中经常有所提及。所以说，教师可以鼓励学生收看韩国的新闻播报，促使他们学习到韩国人的称呼习惯和方式。例如，教师可以事先收集有关韩国称呼的新闻节目并在课堂上播放，提醒学生注意韩语称呼和汉语称呼之间的差异。汉语称呼习惯把"国家主席、国务院总理"放在姓名的前面，而韩语称呼的习惯与之完全相反，其是将姓名放在官职的前面。这一实际案例的对比，有利于学生更加直观地看出韩语称呼和汉语称呼的不同之处，再加上教师的从旁指导、课堂上的互动交流，进一步提高了学生韩语翻译的掌握能力。

第二，高校韩语翻译教学的过程中，教师可以根据教学内容设计出相关的教学情境，以此来引导学生，培养学生独立思考、自主学习的意识。在翻译课堂正式开展之前，教师应当先不急于将基础理论知识和翻译技巧传授给学生，而是根据学生的爱好兴趣结合本节课的教学内容创建出合适的教学情境，鼓励学生在实际的教学活动中发现翻译的技巧，并进行相关的汇总，从而使得韩语翻译教学课堂更加生动直观化，达到活跃课堂和激发学生学习韩语翻译的欲望的目的。例如，教师可以开设韩语商务会议、会客等情境，让学生在模拟情境中进行韩语翻译技

---

[1] 周杨.公示语在韩语翻译教学中的应用[J].江西电力职业技术学院学报，2023，36（4）：145-147.

巧的学习，训练自身的韩语翻译能力和随机应变能力。

第三，教师要重视与学生之间的互动，进行师生间的沟通和对话。一方面，教师在正式上课之前要与学生进行互动对话，将课堂中所涉及的知识提前告诉学生，要求学生独立探究和收集相关资料，并提出问题；另一方面，教师可以在教学过程中解答学生提出的问题，并按照相关的翻译策略开展讨论活动，促进学生更好地进行韩语方面的学习。通过这样的互动教学法，有利于教师及时、准确地了解到学生近期的学习进度，以便调整并逐渐完善教学方法和教学计划，切实提高学生的韩语翻译能力。例如，教师可以利用批改学生韩语翻译作业的途径把握学生韩语翻译学习的进度，进行有针对性的教学。不仅如此，学生之间也可以进行相互间的作业评价和修改，通过阅读学生的作业本，教师不仅能够掌握学生的韩语翻译能力，还能给出被评价学生的韩语翻译水平，有利于促进学生养成良好的韩语翻译习惯，帮助学生更好地进行韩语翻译的学习。

第四，根据高校韩语翻译教学课堂的特征，要求教师必须打破传统的测评方式，不再把简单的期末测试成绩作为最终的考核结果，而是要融入学生平时的作业等级、课堂上的表现等共同作为最终的考核成绩，促进学生全方位发展，为学生日后的工作打下扎实的基础。

讨论式教学法能够开阔学生的视野，激发学生的学习欲望和学习潜能，增强学生的团队协作意识和主观能动性。在进行讨论式教学法的过程中还应当考虑到以下几个方面：第一，根据改革后的新课标理念，讨论式教学法将会受到更多韩语翻译教师的青睐。教师在教学过程中承担着指引学生的任务，主要负责启迪和引导学生，同时学生作为课堂知识的接受者，需要对所学知识进行相应的探究，以找到解决问题的有效方法。在这样的学习课堂上，教师和学生之间、学生和学生之间互动的频率大大提高，有利于学生独立进行思考，这对于切实提高学生的探究能力和学习能力具有十分重要的作用。需要注意的是，韩语翻译教师在使用讨论式教学法时要把握好度，要能够体现出教学的实用性，要充分参考教学内容和学生自身的实际情况来开展有效的讨论式教学法。根据对高校韩语翻译教学课堂的研究发现，过度地采用这样的教学方法，也会导致学生产生厌烦心理，对课堂教学失去学习的兴趣，无法实现教学目标。第二，要充分发挥出讨论式教学法的作用，不仅需要韩语翻译教师具备较高的教学水平、认真完成课前的准备工作，还要搜集与课堂教学内容相关的材料，进行有效的课堂教学。在教学过程中，教师要充分考虑到学生自身的实际情况，结合学生的兴趣爱好，进行教学方案和教学计划的研究，从而营造出生动有趣的课堂环境，激发学生的学习兴趣，切实提高课堂教学的质量。

在实际的教学课堂上，教师可以根据要翻译的文章内容有针对性地开展教学活动。韩语翻译是一项对实践性要求很高的专业，要求学生持续进行实践、沟通、体会。不仅如此，教师还要提高课堂教学的进度，不断进行改革、创新和完善，进一步强化学生对韩语翻译学习的认识。因此，在现阶段的韩语翻译教学中，教师要充分重视讨论式教学法的作用，坚持把学生作为课堂学习的主体，改变学生被动接受知识的状态，鼓励学生积极主动地参与到课堂教学过程中来，重视教师和学生之间的互动交流，从而进一步提高课堂教学的质量，帮助学生更好地进行韩语翻译的学习。

四、提高韩语翻译教学能力的对策

根据上文对韩语翻译教学课堂的讨论不难看出，不管是对于教科书的制定，或者是教学理念、教学方法的使用，韩语翻译教学课堂并没有很好地体现出培养学生实践能力的重要性。针对这一方面的不足，笔者从以下几个方面进行详细的探讨。

（一）丰富教材内容

韩语翻译教学课堂要求在坚持以教科书教学的基础之上，加入当今社会的热点话题讨论，如韩国娱乐播报、韩国时政等，达到丰富教材内容的目的。教师可以通过搜集相关的视频录像供学生观看，让学生接触到标准的韩语发音，并从字幕翻译上学习相关的翻译技巧。同时，将韩国文化加入当今的韩语翻译教科书中，总结出真正的韩语口语发音和翻译的技巧，并进行相应的归纳和概括。另外，把平时的翻译情境与教科书进行有效的结合，以此作为学生课后训练的主要途径，有利于进一步加深学生对"实践性"教学的理解，从而实现提高学生实践能力的目标。

（二）引用科学的教学模式

过去，高校韩语翻译课堂中供学生自主进行翻译训练的时间比较少，导致学生无法在课堂上提高自身的实践能力,而科学教学模式的引入能够有效地改善这一点。所以说,高校韩语翻译教学可以采取"第二课堂教学"的模式,向课外进行知识的延伸,如组织韩语翻译技能大赛、开展韩语翻译志愿者活动等,通过创建这些生动形象的教学活动,向学生展现出一个全新的学习课堂,将课堂学习和课后巩固有机地结合到一起,切实提高学生韩语翻译的实践能力。

(三)加大辅助性教学课题的开发力度

在高校韩语教学课堂中,教师占有十分重要的主导地位,因此教师的韩语翻译水平也需要不断提高。教师需要认识到中韩两国之间在社会生活、经济文化领域存在的差异和关联,如汽车制造业、明星娱乐业、航天制造业等。教师需要进入韩国公司或者与之相关的企业中去,认识并了解真实工作环境中翻译工作所要注意的事项,牢牢把握住韩语翻译的重心,并将了解到的知识带到课堂教学中传授给学生。教师将这些非常具有实用性价值的理论知识和翻译技巧融合到提高学生实践能力的教学方法中去,有利于切实提高学生韩语翻译的综合素养,让学生充分认识到现阶段韩语翻译的实际情况。

(四)创建专项能力培训项目

专项能力的培训指的是将重点教学项目融合成为能力锻炼项目的培训。例如,教师和学生可以共同参与到实际的培训活动中去,进行相关翻译理论和翻译技巧的学习。根据学生在学习过程中遇到的难题,教师可以组织相关的锻炼项目,如翻译、听力项目的训练。创建专项能力的培训项目,有利于开展有针对性的教学活动,切实提高学生的实践能力。

参考文献

[1] 孙淑兰. 我国高校韩语专业教学实效性提升策略研究 [M]. 成都：电子科技大学出版社，2015.

[2] 全香兰. 中韩字词比较及教学研究 [M]. 成都：西南交通大学出版社，2015.

[3] 金香花. 魅力韩语入门（第二版）[M]. 上海：华东理工大学出版社，2014.

[4] 李正秀，徐永彬. 商务韩语会话 [M]. 北京：对外经济贸易大学出版社，2014.

[5] 张治海. 外语教学与课程设计 [M]. 哈尔滨：哈尔滨出版社，2021.

[6] 苑克娟. 韩语情态表达教育研究 [M]. 上海：华东理工大学出版社，2019.

[7] 吴善子. 韩语文化实训教程 [M]. 上海：华东理工大学出版社，2019.

[8] 杨江. 外语教育与应用 第7辑 [M]. 重庆：重庆大学出版社，2021.

[9] 方静，王瑞琪，冯凌云. 外语教学与模式研究 [M]. 长春：吉林人民出版社，2021.

[10] 李运博，黄慧. 外语教育教学研究 1[M]. 北京：对外经济贸易大学出版社，2021.

[11] 武丽云，王玉华. 基于 OBE 框架下的韩语教学策略：评《高校韩语教学模式构建与创新》[J]. 应用化工，2023，52（9）：2758.

[12] 池美英. 中国学习者的韩语基本阶终结词尾教育研究 [J]. 韩国语教学与研究，2023（2）：4–13.

[13] 黄玉花，王艺林. 标记性及概念表征对汉语双及物结构习得的影响：以韩语母语者为例 [J]. 吉林大学社会科学学报，2023，63（3）：144–156.

[14] 王春英. "互联网+"下韩语教学资源平台的建设与共享初探 [J]. 中国多媒体与网络教学学报（上旬刊），2023（5）：9–12.

[15] 周杨. 公示语在韩语翻译教学中的应用 [J]. 江西电力职业技术学院学报，2023，36（4）：145–147.

[16] 姜健, 冯雨婷, 李妍妍, 等. 高校韩语教学中学生跨文化交际能力的培养 [J]. 西部素质教育, 2023, 9（6）: 73-76.

[17] 王爱云, 陈荣. 基于情景创设的韩语视听说混合式教学模式研究 [J]. 韩国语教学与研究, 2022（3）: 56-60.

[18] 金少芬. 应用韩语专业人才培养模式的构建策略 [J]. 投资与合作, 2022（6）: 202-204.

[19] 高萍. 韩语教学中引入互动教学模式的组织与设计 [J]. 现代职业教育, 2019（23）: 156-157.

[20] 郑梅花. 信息化时代韩语教学创新及翻译研究: 评《中韩口译实训教程》[J]. 应用化工, 2023, 52（10）: 2996.

[21] 赵晨薇, 关关, 祁杰. 中国学生的韩语音韵发音偏误类型及原因解析 [J]. 科学咨询（教育科研）, 2023（2）: 90-92.

[22] 尹华. 论韩语教学中的文化渗透教育 [J]. 大学, 2023（5）: 88-91.

[23] 崔妙时, 崔奥飞. 文化自信视域下韩语专业课程思政融入路径探究 [J]. 现代职业教育, 2022（44）: 46-49.

[24] 华依莎, 王宗宣. 金课背景下韩语语音课堂线上线下教学设计初探 [J]. 辽宁师专学报（社会科学版）, 2022（6）: 68-70.

[25] 崔瑛. 产教融合视角下韩语专业创新型人才培养策略研究 [J]. 辽宁师专学报（社会科学版）, 2022（6）: 110-112.

[26] 金艳玲. 线上线下混合式教学模式在韩语写作教学中的实践探索 [J]. 韩国语教学与研究, 2022（4）: 103-107.

[27] 权震红. 浅谈初级韩国语读写融合教学策略 [J]. 韩国语教学与研究, 2022（4）: 58-64.

[28] 金永洙. 中国人韩语学习者的词尾与助词错误分析 [J]. 韩国语教学与研究, 2022（4）: 65-72.

[29] 刘景玉. 中国人学习者韩语冠形节内包句使用情况的偏误分析 [J]. 韩国语教学与研究, 2022（4）: 73-78.

[30] 张立, 高娜. 国家语言能力视角下提升韩语写作能力路径研究 [J]. 韩国语教学与研究, 2022（4）: 83-89.

[31] 徐春喜. 新时代韩语专业全人教育实施路径探索 [J]. 韩国语教学与研究，2022（4）：94-98.

[32] 齐琦. 新文科视域下利用"语言+"模式培养复合型韩国语翻译人才的研究 [J]. 韩国语教学与研究，2022（4）：147-151.

[33] 杨敏，宋帅华. 本科韩语专业综合型应用人才培养模式的研究 [J]. 江西电力职业技术学院学报，2022，35（11）：93-95.

[34] 张晓阳. 讲解词的韩语翻译问题与对策研究——以安阳市殷墟博物馆为例 [J]. 今古文创，2022（46）：126-128.

[35] 孟玲，孙铭徽. 虚拟现实技术辅助下的善别：韩语纪录片《再次遇见你》多模态互动分析 [J]. 解放军外国语学院学报，2022，45（6）：20-27.

[36] 唐颖聪. 韩国语新闻语篇中汉字词翻译探析 [J]. 延边教育学院学报，2022，36（5）：38-41.

[37] 公婧媛. 自媒体短视频在韩语教学改革中的应用探究 [J]. 中国新通信，2022，24（17）：236-238.

[38] 王爱云，陈荣. 基于情景创设的韩语视听说混合式教学模式研究 [J]. 韩国语教学与研究，2022（3）：56-60.

[39] 曲波. 大学生韩语学习动机的实证研究 [J]. 韩国语教学与研究，2022（3）：28-36.

[40] 姜健，冯雨婷，李妍妍，等. 高校韩语教学中学生跨文化交际能力的培养 [J]. 西部素质教育，2023，9（6）：73-76.

[41] 鲍彤. 文化教育融入韩语教学的必要性与实践探究 [N]. 中国文化报，2023-10-20（03）.

[42] 李泽平. 韩语母语者汉语易混淆动词偏误研究 [D]. 长春：吉林大学，2024.

[43] 鲁雅馨. 韩国留学生习得程度补语偏误分析及教学对策 [D]. 大连：辽宁师范大学，2023.

[44] 张颖姗. 韩国学生词语重叠式习得偏误研究及教学设计 [D]. 北京：北京外国语大学，2024.

[45] 姜航. 韩国高中通行汉语教材生词注释研究 [D]. 杭州：杭州电子科技大学，2024.

[46] 孙帆.汉韩二语教材实证对比研究[D].汉中：陕西理工大学，2022.

[47] YEONGJUL.韩国学生习得指示代词"其他"的偏误分析[D].贵阳：贵州大学，2023.

[48] 刘欣欣.韩国学生习得"常常""往往"偏误分析及教学建议[D].曲阜：曲阜师范大学，2022.

[49] 王银.母语为英语和韩语的学习者连动句偏误及对比研究[D].广州：广东外语外贸大学，2023.

[50] 张皓月.英语、韩语母语者习得汉语介词框架结构的偏误分析及教学研究[D].石家庄：河北师范大学，2022.

[51] 王鲁蓉.韩语母语者的汉语双元音习得实验研究[D].成都：四川师范大学，2023.